Cómo entender
y aliviar
el estrés

CÓMO ENTENDER Y ALIVIAR EL ESTRÉS

Grupo Editorial Tomo, S. A. de C. V.
Nicolás San Juan 1043
03100 México, D. F.

1a. edición, marzo 2004.
2a. edición, mayo 2006.
3a. edición, agosto 2007.
4a. edición, febrero 2013.

©   *Understanding Stress*
    Published by Geddes & Grosset, an imprint of
    Children's Leisure Products Limited
©   1996 Children's Leisure Products Limited
    David Dale House, New Lanark, ML11 9DJ, Scotland

©   2013, Grupo Editorial Tomo, S.A. de C.V.
    Nicolás San Juan 1043, Col. Del Valle
    03100 México, D.F.
    Tels. 5575-6615, 5575-8701 y 5575-0186
    Fax. 5575-6695
    http://www.grupotomo.com.mx
    ISBN: 970-666-895-0
    Miembro de la Cámara Nacional
    de la Industria Editorial No 2961

Traducción: Francisco Emrick
Diseño de Portada: Trilce Romero
Supervisor de producción: Leonardo Figueroa

Impreso en México - *Printed in Mexico*

Parte I

LA NATURALEZA DEL ESTRÉS

¿Qué es el estrés?

El estrés es el "desgaste y deterioro" que experimentan nuestras mentes y cuerpos al tratar de enfrentarse con un medio ambiente siempre cambiante. Las personas por lo general piensan en el estrés como presión en el trabajo, un niño enfermo o la hora de más tráfico.

Estos acontecimientos pueden ser detonadores del estrés, pero éste en realidad es la reacción interna a tales factores.

El estrés es una respuesta automática del cuerpo de "pelea o huye", activada por la adrenalina y otras hormonas del estrés, las cuales estimulan una variedad de cambios fisiológicos, como un incremento en la velocidad de los latidos del corazón y la presión sanguínea, una respiración más rápida, tensión muscular, dilatación de las pupilas, boca seca, y un incremento del azúcar en la sangre.

En términos biológicos simples, el estrés es el estado de excitación incrementada, necesario en un organismo para defenderse a sí mismo cuando se enfrenta a algún peligro.

Siempre que nos sentimos ansiosos, tensos, cansados, asustados, exaltados o deprimidos, nos encontramos padeciendo estrés. Pocos aspectos en la vida se encuentran libres de los acontecimientos y presiones que generan tales sentimientos;

así que el estrés se ha vuelto una parte aceptable e inevitable de la existencia diaria.

De hecho, contrariamente a las suposiciones populares, las vidas estresadas no son un fenómeno exclusivo de la época moderna —el estrés ha sido *siem*pre algo intrínseco a la existencia humana, y la vida sin estrés sería intolerable. Por ejemplo, ciertos tipos de estrés como los causados por actividades físicas y mentales, sexuales, y la creatividad intensa, en realidad son muy deseables.

El estrés se vuelve perjudicial sólo cuando un cambio real o imaginario abruma la habilidad de la persona para manejarlo; dejándola propensa a reacciones físicas, mentales y emocionales indeseadas, y a ciertas enfermedades.

Tipos de estrés

Las causas del estrés (los "estresantes") son múltiples y variadas; no obstante, pueden ser divididas en dos categorías generales —externas e internas:

Estresantes externos

- *Entorno físico:* ruido, brillo de la luz, calor, espacios cerrados.

- *Interacción social:* rudeza, prepotencia o agresividad por parte de otros.

- *Organizacionales*: reglas, regulaciones, trámites burocráticos, fechas límites.

- *Acontecimientos importantes en la vida*: la muerte de un pariente, pérdida del trabajo, ascensos, un hijo recién nacido.

- *Confusiones diarias:* cambios, llaves perdidas, descomposturas mecánicas.

Estresantes internos

• *Alternativas de la vida*: cafeína, sueño insuficiente, horarios extremos.

• *Comunicación negativa con uno mismo*: forma de pensar pesimista, autocrítica, análisis excesivo.

• *Trampas mentales*: expectativas irreales, tomar las cosas de manera personal, forma de pensar de "es todo o nada", exageración, forma de pensar rígida.

• *Rasgos de personalidad estresantes*: el Tipo A, perfeccionista, adicto al trabajo.

Estos factores generan varios síntomas de estrés mental y emocional, los más comunes incluyen:

• enojo

• ansiedad

• preocupación

• miedo

• depresión

Estrés negativo

Un estrés prolongado y sin aliviar puede tener un efecto dañino en la salud mental, física y espiritual. Si se deja sin resolver, los sentimientos de enojo, frustración, miedo y depresión generados por el estrés pueden detonar una variedad de enfermedades. Se estima que el estrés es la causa más común de la salud deficiente en esta sociedad moderna; probablemente abarcando, el 80 por ciento de todas las visitas a los médicos familiares. El estrés es un factor contribuyente en las condiciones negativas relativamente menores como dolores de cabeza, problemas digestivos, padecimientos de la piel, insomnio y úlceras; aunque también juega un papel importante dentro de las principales causas de fallecimientos en el mundo occidental; como cáncer, enfermedades cardiovasculares, desórdenes respiratorios, lesiones accidentales, cirrosis y suicidio.

Estrés positivo

El estrés también puede tener un efecto positivo. Es esencial en el estímulo de la motivación y la conciencia, proporcionando la estimulación necesaria para enfrentar situaciones de reto. La tensión y la excitación son necesarias para disfrutar muchos aspectos de la vida, sin ellas la existencia sería demasiado monótona. El estrés también proporciona el sentido de urgencia y alerta necesario para sobrevivir al enfrentar situaciones que constituyen una amenaza, como cruzar una avenida muy transitada o conducir en condiciones climáticas bastante malas.

Un enfoque demasiado relajado en tales situaciones podría ser fatal.

El estrés y el individuo

No hay un sólo nivel de estrés que sea óptimo para toda la gente. Cada persona es distinta, con percepciones y reacciones únicas hacia los sucesos: lo que es estresante para una persona puede ser placentero para otra. Una persona que le encanta trabajar sola estaría estresada en un trabajo que involucre una gran cantidad de interacción social, mientras que una persona que se esmera como parte de un equipo estaría estresada en un trabajo que involucre trabajar en el hogar.

Aun cuando estemos de acuerdo en que un tipo de acontecimiento en particular es estresante, es posible que nuestras respuestas fisiológicas varíen respecto a ello. Algunos individuos son más sensibles al estrés que otros, esto es debido a las experiencias en su infancia y a la influencia de los maestros, los padres, la religión, etc.

También es importante hacer notar que la mayor parte del estrés que experimentamos en realidad es *autogenerado*.

La forma cómo percibimos la vida, ya sea que el acontecimiento nos haga sentir amenazados o estimulados, animados o desanimados, felices o tristes, depende en gran medida de cómo nos percibimos a nosotros mismos.

El estrés autogenerado es como una paradoja porque mucha gente busca causas externas cuando se sienten molestos. El primer paso importante para manejar el estrés es reconocer que nosotros creamos la mayor parte de nuestros trastornos.

El costo del estrés

- Se estima que el 80 por ciento de todas las enfermedades modernas tienen su origen en el estrés.

- En el Reino Unido se pierden 40 millones de días de trabajo al año; resultante del estrés relacionado a enfermedades.

- El costo del ausentismo en la industria británica proveniente del estrés relacionado a enfermedades como la migraña, el abuso del alcohol, etc., se estima que asciende a 1.5 billones de libras por año.

- En el Reino Unido mueren 250,000 personas por año de enfermedades coronarias.

- El costo médico estimado del estrés en Estados Unidos sobrepasa en mucho los $1,000 millones de dólares por año.

> • En Estados Unidos las enfermedades del corazón se han incrementado en un 500 por ciento en los últimos 50 años.
>
> • Los estadounidenses toman 5 billones de dosis de tranquilizantes y 16,000 toneladas de aspirinas cada año.

La reacción al estrés

Dos doctores norteamericanos, Walter B. Cannon y Hans Selye describieron por primera vez en los años 30, cómo reaccionan al estrés nuestros cuerpos.

Encontraron que la primera reacción a un estrés severo es lo que se conoce como la respuesta "pelea o huye", la cual activa los mecanismos del cuerpo que le protegen, ya sea para pelear (encarar al estresor) o desaparecer (acto para evitar al estresor o su amenaza). Inicialmente, la respuesta de "pelea o huye" nos alerta del peligro y es, de hecho, benéfica asumiendo que se tiene la fortaleza, la velocidad y el vigor necesario para sobrevivir.

La reacción al estrés es controlada por el sistema endocrino, que regula varias funciones del cuerpo, incluyendo el sistema reproductivo, el sistema inmunológico, el crecimiento, el metabolismo, las respuestas alérgicas y la tolerancia al estrés.

Cualquier demanda inusual de los recursos físicos del cuerpo y de los recursos mentales estimula las glándulas endocrinas, principalmente las suprarrenales, la pituitaria y el hipotálamo, para secretar dentro de la sangre los mensajeros químicos conocidos como hormonas.

Las hormonas del estrés incluyen poderosos estimulantes, tales como la adrenalina, noradrenalina, hidrocortisona, testosterona y tiroxina, los cuales producen una variedad de respuestas físicas. Las más comunes incluyen:

• incremento en la dilatación de las pupilas.

• sudoración.

• incremento en la proporción de latidos del corazón y presión sanguínea (para pasar más sangre a los músculos, cerebro y corazón).

• respiración acelerada (para tomar más oxígeno).

• tensión muscular (en preparación para la acción).

• incremento en el flujo de sangre al cerebro, corazón y músculos (los órganos que son más importantes en el manejo de los peligros).

• menor flujo de sangre a la piel, sistema digestivo, riñones e hígado (donde éste se necesita menos en los periodos de crisis).

• incremento de la agudeza mental y la sensibilidad (para valorar la situación y actuar de manera rápida).

• incremento en la sangre, del azúcar, las grasas y el colesterol (para tener energía extra).

• aumento de las plaquetas, así como de la velocidad de coagulación de la sangre (para prevenir una hemorragia en caso de lesión).

Desafortunadamente, aunque esta respuesta física natural podría haber sido invaluable en una etapa anterior de la evolución humana, el pelear y alejarse corriendo rara vez son respuestas adecuadas para las situaciones estresantes en el mundo moderno.

A largo plazo, el estrés no liberado en nuestros cuerpos permanece en un estado constante de excitación, que puede resultar en el inicio gradual de varios problemas de salud.

Síndrome de Adaptación General

El Dr. Hans Selye describe cómo el cuerpo se adapta a un estrés prolongado en términos del Síndrome General de Adaptación. Selye divide las reacciones al estrés en tres fases: la Respuesta de Alarma, Adaptación, y Agotamiento. La respuesta de Alarma es la reacción de pelea o huye que prepara al cuerpo para la acción inmediata.

Si el origen del estrés persiste, entonces el cuerpo se prepara para una protección a largo plazo, a través de la secreción de más hormonas que incrementan el nivel de azúcar en la sangre para sostener la energía e incrementar la presión sanguínea. Esta fase de adaptación es el resultado de la exposición a largos periodos de estrés, es común y no es necesariamente dañina, pero si no se complementa con periodos de relajación y descanso para contrabalancear la respuesta al estrés, quienes lo sufren se vuelven propensos a la fatiga, a los lapsus en la concentración, irritabilidad y letargo, como un esfuerzo para soportar caídas de la excitación en estrés negativo.

Bajo un estrés crónico persistente, los afectados entran en la etapa de agotamiento: los recursos mentales, físicos y emocionales sufren fuertemente, y el cuerpo experimenta un "agotamiento de las suprarrenales", en donde el nivel de azúcar en la sangre disminuye conforme las suprarrenales se agotan, provocando una reducción en la tolerancia al estrés, un agotamiento mental y físico progresivo, enfermedad y colapso.

Síntomas del estrés

Una exposición constante al estrés resulta en un desequilibrio hormonal, el cual puede producir una variedad de síntomas:

Síntomas físicos

- cambios en el patrón de sueño.
- fatiga.
- cambios en la digestión, náuseas, vómito, diarrea.
- pérdida del deseo sexual.
- dolores de cabeza.
- dolores y malestares en diferentes áreas del cuerpo.
- infecciones.
- indigestión.
- mareos, debilidad, sudoración y temblores.
- comezón de manos y pies.
- falta de aliento.
- palpitaciones.
- taquicardia.

Síntomas mentales

- falta de concentración.
- lapsus de la memoria.
- dificultad para tomar decisiones.
- confusión.
- desorientación.
- ataques de pánico.

Síntomas en el comportamiento

- cambios en el apetito: comer demasiado o muy poco.
- desórdenes alimenticios: anorexia, bulimia.

Respuesta a la Tensión

Reacción Física

Reacción Física

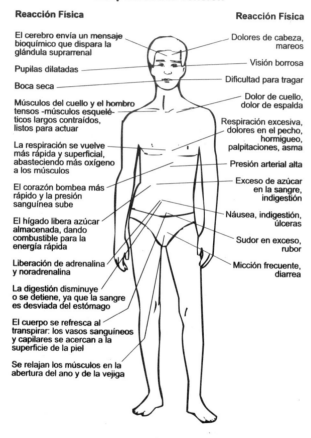

El cerebro envía un mensaje bioquímico que dispara la glándula suprarrenal

Pupilas dilatadas

Boca seca

Músculos del cuello y el hombro tensos -músculos esqueléticos largos contraídos, listos para actuar

La respiración se vuelve más rápida y superficial, abasteciendo más oxígeno a los músculos

El corazón bombea más rápido y la presión sanguínea sube

El hígado libera azúcar almacenada, dando combustible para la energía rápida

Liberación de adrenalina y noradrenalina

La digestión disminuye o se detiene, ya que la sangre es desviada del estómago

El cuerpo se refresca al transpirar: los vasos sanguíneos y capilares se acercan a la superficie de la piel

Se relajan los músculos en la abertura del ano y de la vejiga

Dolores de cabeza, mareos

Visión borrosa

Dificultad para tragar

Dolor de cuello, dolor de espalda

Respiración excesiva, dolores en el pecho, hormigueo, palpitaciones, asma

Presión arterial alta

Exceso de azúcar en la sangre, indigestión

Náusea, indigestión, úlceras

Sudor en exceso, rubor

Micción frecuente, diarrea

- incremento en el consumo de alcohol u otras drogas.
- incremento en el fumar.
- nerviosismo.
- intranquilidad.
- morderse las uñas.
- hipocondría.

Síntomas emocionales

- ataques de depresión.
- impaciencia e irritabilidad.
- ataques de enojo.
- llanto.
- deterioro en la higiene personal y apariencia.

Enfermedades relacionadas con el estrés

Enfermedades cardiovasculares

El término "cardiovascular" se refiere al corazón y al sistema de los vasos sanguíneos del cuerpo. La enfermedades cardiovasculares probablemente sean el problema de salud más serio que puede estar relacionado al estrés —y es la causa más común de muerte en Gran Bretaña y Estados Unidos. Entre las causas primarias de enfermedades del corazón se incluye fumar y seguir dietas con un alto contenido en grasas; no obstante, el estrés constituye un factor de contribución muy importante.

Las hormonas suprarrenales actúan para incrementar la presión sanguínea; el aumento temporal de la presión sanguínea no representa un riesgo a la salud, pero una presión sanguínea alta en forma permanente puede tener serios efectos en la salud a largo plazo. La presión sanguínea elevada está relacionada con el desarrollo de la arteriosclerosis, o endurecimiento de las arterias. La arteriosclerosis es el resultado del desarrollo de recubrimientos en las arterias, que gradualmente estrechan el camino por el cual fluye la sangre. Finalmente una arteria se puede bloquear, provocando angina de pecho, apoplejía y fallas del corazón.

El sistema inmunológico

El sistema inmunológico protege al cuerpo de la infección. Combate a los invasores extraños (como virus y bacterias dañinas), y el cáncer. El estrés excesivo puede dañar el sistema inmunológico al afectar la glándula timo. Ésta crea glóbulos blancos, llamados células-T, las cuales regulan la inmunidad y también producen diversas hormonas relacionadas con la misma. La reacción del estrés desvía recursos a las principales partes del cuerpo que necesitan hacerse cargo del mismo, principalmente el cerebro, el corazón y los músculos. Otros sistemas quedan privados de recursos, incluyendo el sistema inmunológico. Las hormonas producidas por las glándulas suprarrenales pueden causar que la glándula timo se reduzca y que también degrade la actividad de las células blancas en la sangre, causando daño a la habilidad del cuerpo para luchar contra las infecciones. El resultado de un alto nivel de estrés puede ser una reducción de la resistencia a infecciones comunes, como resfriados, influenza y herpes (granos en la piel). Debido a que cierto tipo de células blancas producidas por la glándula timo están activas en la prevención del desarrollo de las células del cáncer en el cuerpo, cualquier falla de la glándula timo puede afectar la habilidad del cuerpo para resistir el cáncer.

Asma

El asma es una desorden respiratorio caracterizado por la cons-
tricción temporal de los bronquios, los conductos de aire
ramificados de la tráquea a los pulmones. Usualmente los
ataques se producen por una reacción alérgica a antígenos,
tales como partículas del pasto o de los árboles, esporas del
moho, hongos, caspa de los animales y ciertos alimentos, pero
también pueden ser causados por químicos irritantes en la
atmósfera o por infecciones de las vías respiratorias. La pro-
pensión a los ataques de asma se basa en la hiperactividad
de los músculos bronquiales, que se constriñen al exponerse
a uno u otro de estos agentes. El estrés crónico reduce la
eficiencia de las glándulas suprarrenales, reduciendo la secreción de antiinflamatorios y hormonas suprarrenales antialér-
gicas, lo cual puede hacer que sea más probable un ataque de
asma.

Diabetes

La diabetes es causada por la inhabilidad del cuerpo para
metabolizar el azúcar correctamente, lo cual conduce a niveles excesivamente altos de azúcar en la sangre. La hormona
insulina es responsable de metabolizar el azúcar y es secretada
por el páncreas. La mayoría de los diabéticos puede producir
insulina, pero varios factores limitan la eficiencia de la hormona, lo cual se conoce como "sensibilidad a la insulina".

Como sabemos de la fisiología de reacción al estrés, la liberación de las hormonas suprarrenales bajo estrés puede tener un impacto significativo en los niveles de azúcar en la
sangre. La adrenalina causa que el azúcar en el hígado sea
bombeada dentro del torrente sanguíneo y la hidrocortisona
actúa para reducir el metabolismo de la glucosa por las células.

Grandes cantidades de hidrocortisona actúan para disminuir la sensibilidad a la insulina. Los niveles elevados de azúcar no son peligrosos en individuos generalmente saludables, pero el estrés crónico combinado con otros factores tales como la obesidad, actúan para incrementar las posibilidades de desarrollar la diabetes.

Úlceras

Las úlceras con frecuencia se asocian al estrés, aunque esto no se ha demostrado de manera concluyente. Normalmente el recubrimiento del estómago tiene una capa de mucosa para protegerlo de los ácidos y enzimas digestivas utilizados para descomponer la comida. Con el tiempo, el estrés crónico puede estimular la sobreproducción de jugos gástricos, lo cual destruye la mucosa protectora y actúa sobre las paredes del ducto digestivo con el resultado de una ulceración. Las úlceras por lo general aparecen como lesiones aisladas, redondas u ovaladas; usualmente las erosiones son poco profundas, pero pueden penetrar la pared completa, provocando hemorragias y, posiblemente, la muerte.

Desórdenes digestivos

Muchos problemas de los conductos digestivos como constipación, diarrea y el síndrome del intestino irritado están relacionados con el estrés. Los nervios en el conducto digestivo reciben mensajes del cerebro en forma de hormonas, que le dicen a los músculos intestinales que se expandan o que se contraigan. Los desequilibrios hormonales pueden causar alteraciones en el funcionamiento intestinal, tales como espasmos, constipación y diarrea. El estrés crónico tiende a afectar por completo el funcionamiento del sistema digestivo agravando los problemas intestinales.

Problemas de la piel

El estrés incrementa los niveles de toxicidad en el cuerpo, y contribuye a un desequilibrio hormonal; ambos tienen un efecto en la piel. Los efectos visibles del estrés en la piel incluyen:

* acné.

* manchas.

* eczema.

* psoriasis.

* palidez excesiva.

* enfermedades de la piel.

Dolores de cabeza y migrañas

Los dolores de cabeza son una de nuestras aflicciones más comunes. Millones de personas tratan de buscar cada año ayuda médica para este problema; anualmente se gastan millones de dólares en remedios.

La mayoría de los dolores de cabeza no son causados por enfermedad, sino por fatiga, desórdenes emocionales, o alergias. Los dolores de cabeza intermitentes son causados por preocupación, ansiedad, exceso de trabajo, o ventilación inadecuada. El tipo más común, un dolor de tensión crónica, con frecuencia es causado por la depresión. La corteza cerebral en sí misma es insensible al dolor, como la cubierta de hueso que cubre el cerebro (el cráneo).

El dolor de cabeza es el resultado de la estimulación de las estructuras sensibles al dolor, como las membranas que cubren el cerebro (las meninges), y los nervios del cráneo y la parte superior del cuello. Esta estimulación puede ser producida por inflamación, por dilatación de los vasos sanguíneos de la cabeza o por espasmos musculares en el cuello y la cabeza. Los dolores de cabeza provocados por espasmos musculares se clasifican como dolores por tensión; a los causados por dilatación de los vasos sanguíneos se les llama dolores de cabeza vasculares.

Casi el 90 por ciento de todas las personas que buscan ayuda debido a dolores de cabeza, los sufren por tensión. Éstos se caracterizan por un dolor difuso que se extiende por la totalidad de la cabeza, o ésta se siente como si tuviera una banda elástica apretada a su alrededor. Los dolores de cabeza por tensión con frecuencia se asocian con falta de sueño y tensión persistente en los músculos del cuello, hombros y frente. Estos músculos deben relajarse antes de que ceda el dolor.

La migraña es el más común de los dolores vasculares. Alrededor del 60 por ciento de todas las migrañas se dan en mujeres, y la mayoría de quienes las padecen primero desarrollan síntomas entre los 10 y los 30 años de edad. Aproximadamente en el 30 por ciento de todos los casos, los ataques de migraña son precedidos por señales de aviso, como momentos de ceguera, luces resplandecientes en zigzag, entumecimiento en algunas partes del cuerpo e imágenes visuales distorsionadas. El dolor de la migraña casi siempre ocurre sólo de un lado y usualmente es acompañado por náuseas. Parece haber muchas cosas capaces de detonar los ataques de migraña, incluyendo estrés, fatiga, cambios en el clima, apresuramiento, menstruación, drogas, como las píldoras anticonceptivas, las cuales contienen estrógenos, así como alimentos como el queso, el chocolate y el alcohol, que contienen sustancias que afectan los vasos sanguíneos.

Muchos pacientes de migraña tienen una historia familiar con este problema. Muchas de las técnicas de relajamiento y las terapias alternativas descritas posteriormente en este libro ayudarán a aliviar los dolores de cabeza. Sin embargo, los dolores de cabeza crónicos pueden ser síntomas crónicos de depresión u otra clase de severos problemas emocionales. Si sufres de dolores de cabeza persistentes, asegúrate de consultar a tu médico para un tratamiento profesional.

Síndrome premenstrual (SPM)

El estrés tiene un efecto debilitante en los nervios en general; además, ciertos síntomas premenstruales pueden ser agravados por el estrés. Muchas mujeres con SPM tienen niveles anormales de la hormona suprarrenal aldosterona, que puede ser la explicación de algunos problemas de retención excesiva de fluidos y ganancia de peso, blandura del pecho y abultamiento del abdomen. La liberación mayor de aldosterona causada por el estrés acentuará estos problemas.

Depresión

El estrés crónico puede producir una depresión severa debido a sus efectos psicológicos debilitantes. Los cambios fisiológicos producidos por el estrés también pueden contribuir a la depresión. La adrenalina y noradrelanina no sólo son hormonas suprarrenales sino también mensajeros químicos del cerebro. Las deficiencias de noradrenalina han sido relacionadas con la depresión en ciertos individuos, y así, el agotamiento suprarrenal mediante un estrés crónico a largo plazo puede ser un factor que contribuya a las enfermedades depresivas.

Parte II

LAS CAUSAS DEL ESTRÉS

El estrés del medio ambiente

La degeneración y el deterioro urbano son una fuente importante de estrés para grandes sectores de la población. Casas inadecuadas, ruido, contaminación, sobrepoblación, violencia y pobreza crean algunas de las formas de estrés más acumulativas y difundidas.

Estos factores afectan la forma en que vivimos, trabajamos y nos divertimos. Su impacto depende de la infraestructura del lugar en que vivimos, los requerimientos de transporte, y las oportunidades disponibles para pasar algún tiempo lejos del medio ambiente.

Iluminación

La naturaleza de la luz es un factor esencial en la calidad de nuestras vidas. La luz natural es vital para vivir de manera saludable, como lo es el aire que respiramos. Regula los niveles de la hormona melatonina, que influencia el dormir, el estado de ánimo y el ciclo reproductivo. Nuestro amor instintivo a la luz y el sol explica nuestra migración anual a climas más cálidos.

Una carencia de luz del día puede inducir a una acumulación de melatonina, creando aletargamiento y depresión. El síndrome Depresión de Adaptación a la Estación (DAE), es un patrón de enfermedades depresivas en el que los síntomas recurren cada invierno, afligiendo a un gran número de personas. Quienes se ven afectados se sienten antisociales, cansados, y deprimidos. La Fototerapia, o exposición matutina a todo el brillo del espectro de la luz, a menudo puede ayudar dramáticamente en el tratamiento de quienes sufren DAE. En general, usualmente es más saludable trabajar junto a ventanas y permitir que entre tanta luz del día en nuestros hogares como sea posible. La luz fluorescente es la forma más antinatural de luz y debería ser evitada en lo posible; sin embargo, como la luz artificial es un mal necesario, es mejor usar luces que utilicen el espectro completo para simular la luz del día.

Color

El color afecta muchos aspectos de nuestras vidas y puede tener un efecto importante en nuestro humor y nuestras percepciones. Estamos completamente inclinados al color, podemos seleccionar colores como una respuesta a sus propiedades inherentes o podemos tener una preferencia característica por ellos.

Los colores tienen efectos físicos, así como efectos fisiológicos. Se ha demostrado en algunas investigaciones que existen reacciones fisiológicas como la presión sanguínea y los patrones de longitud de onda cerebral que varían de acuerdo al color al que somos expuestos.

Por ejemplo, la exposición al rojo, el color más estimulante, nos puede provocar un incremento de la presión sanguínea, mientras que una exposición al azul celeste tiene un efecto opuesto.

Acontecimientos en la vida y la velocidad de cambio

En la siguiente tabla de acontecimientos estresantes, compilados por dos doctores norteamericanos, T.H. Holmes y R.H. Rahe (*Revista de Investigaciones Psicòsomáticas* No. 11, 1967), se han valorado acontecimientos específicos en una escala de 0 a 100.

La carta sugiere que es *el cambio en sí mismo* lo que produce el estrés, mudarse de casa, casarse, ser despedido, etc, a pesar de que los cambios puedan verse como favorables o no. Los puntajes de alrededor de 300 supuestamente indican una crisis de vida mayor, puntajes de 200 a 299, una crisis de vida moderada, y de 100 a 199 una crisis de vida ligera.

Acontecimiento	Unidades de Cambio de Vida
Muerte del esposo	100
Divorcio	73
Separación marital	65
Encarcelamiento	63
Muerte de un pariente cercano	63
Lesión personal o enfermedad	53
Matrimonio/compromiso/unión libre	50
Pérdida del trabajo	47
Reconciliación matrimonial	45
Jubilación	45
Enfermedad en la familia	44
Embarazo	44
Problemas sexuales	39
Nacimiento de un niño	39
Reajuste del negocio	39
Cambio en el estado financiero	38

Muerte de un amigo cercano	37
Cambio a un tipo diferente de trabajo	36
Hipoteca o préstamo grande	31
Juicio hipotecario o por préstamo	31
Cambio en las responsabilidades de trabajo	29
Hijo o hija yéndose de la casa	29
Logro personal sobresaliente	28
Inicio o fin de la escuela o universidad	26
Cambio en las condiciones de vida	25
Cambio en los hábitos personales (mayor o menor actividad)	24
Problemas con el jefe	23
Cambio en las horas o condiciones de trabajo	20
Cambio de casa	20
Cambio de escuela o universidad	20
Cambio de actividad recreativa	19
Cambio en actividades sociales	18
Cambio en los hábitos de dormir	16
Día festivo	13
Navidad	12
Violaciones menores a la ley	11

Relaciones personales

Tradicionalmente la calidad de las relaciones personales es considerada como una de las principales fuentes de estrés.

La relación entre cónyuges es el factor clave, seguido por la relación de padres e hijos. Los factores que contribuyen a las relaciones exitosas y relativamente libres de estrés incluyen:

- comunicación.

- **honestidad** con uno mismo y con el cónyuge.

- **saber** escuchar.

- respeto por uno mismo y por el cónyuge.

- expectativas realistas.

- calidad del tiempo juntos.

- calidad del tiempo separados

Hogar y familia

Muchas fuentes de estrés como la aflicción, preocupaciones financieras y rompimientos de relaciones, las cuales aparecen claramente visibles en la escala de Holmes y Rahe, se originan dentro de la familia.

El incremento en el estrés a lo largo de los últimos 30 años puede explicarse parcialmente mediante factores sociales de cambio. En el contexto de una familia grande, y un entorno social y de trabajo amigables, un individuo se beneficia del contacto y comunicación con otras personas, recibe retroalimentación para establecer metas y un sentido realista en su vida, así como información útil y ayuda práctica para resolver los problemas. La desintegración de estas redes sociales de apoyo amigables hace al individuo más vulnerable a varias enfermedades crónicas relacionadas con el estrés.

En este mismo periodo, también se ha vuelto claro que, además de ser una fuente de apoyo, afecto y amor, el hogar puede ser también el lugar más probable en donde los individuos, en especial las mujeres y los niños, sufran diversos grados de abuso físico y emocional.

Paternidad

La paternidad impone pesadas cargas físicas, emocionales y financieras, que pueden aplastar a los menos flexibles. Combinar el cuidado de los niños con un empleo de tiempo completo es lo más estresante de todo, especialmente para la madre que trabaja, quien probablemente sea responsable de una mayor porción de las labores del hogar y cuidado de los niños que el padre.

En esta situación, es más probable que salgan a la superficie discusiones, desacuerdos, malentendidos, resentimientos y depresiones. Los siguientes consejos pueden ayudar a reducir los niveles de estrés de los cónyuges:

- cuidar de uno mismo además de los niños.
- mantener el sentido de uno mismo separado del papel de padre.
- planear, preparar y asignar prioridades a la utilización del tiempo libre.
- utilizar el tiempo libre de una forma creativa y estimulante.
- los cónyuges deberían reconocer y definir las responsabilidades compartidas.
- mantener una comunicación saludable.
- evitar la recriminación personal, nadie es perfecto.
- estar preparado para usar a la familia, amigos y grupos para ayuda.

El estrés en el trabajo

El trabajo proporciona un ingreso y también satisface una diversidad de otras necesidades humanas, como ejercicio físico, experiencia mental, contacto social, y un sentimiento de autoestima y habilidad. Sin embargo, el trabajo también es una fuente importante de estrés, que surge de la naturaleza de las relaciones entre la dirección y los empleados, y de la establecida entre colegas y compañeros en el sitio de trabajo en general.

El impulso hacia el éxito

La sociedad occidental se maneja de acuerdo a la ética de trabajo. Se nos enseña desde una edad muy temprana a considerar de igual forma la capacidad personal con el éxito profesional, haciendo que ansiemos un buen nivel social y que aborrezcamos el fracaso. Nuestra cultura exige éxito monetario así como una identidad profesional, y se requiere una personalidad fuerte para salirse de la carrera.

Cambiando nuestras conductas de trabajo

En el ambiente de nuestra sociedad postindustrial de desempleo en aumento y de un mayor tiempo de ocio, muchas personas se sienten afortunadas de tener por lo menos un trabajo. El desempleo, los despidos, una semana de trabajo más corta y el impacto de nuevas tecnologías, están afectando nuestra seguridad física y emocional. Ya no existen garantías para los trabajos permanentes, y cada día más empleadores ofrecen contratos a corto plazo, que excluyen pagar los días festivos y los periodos de enfermedad. Por lo tanto, es muy común que el agotamiento emocional y financiero se incremente en todos los niveles de la fuerza laboral.

Condiciones de trabajo

No cabe la menor duda de que la salud física y mental de un individuo se afecta de manera adversa a causa de las condiciones de trabajo desagradables, como altos niveles de ruido, mucha o poca iluminación, temperaturas extremas, y horarios de trabajo excesivos y antisociales.

Exceso de trabajo

Un individuo puede experimentar estrés a causa de una inhabilidad para hacerse cargo de las exigencias técnicas o intelectuales de un trabajo en particular. Por otro lado, no importa qué tan competente seas en tu trabajo, las circunstancias, como demasiadas horas de trabajo, metas de producción irreales, e interrupciones frecuentes, producirán estrés.

Falta de trabajo

Un empleado puede experimentar aburrimiento debido a que no hay suficiente por hacer, o debido a que un trabajo en particular es aburrido y repetitivo.

Incertidumbre

La incertidumbre acerca de la función en el trabajo de un individuo, como son los objetivos, las responsabilidades, las expectativas de los compañeros, así como una falta de comunicación y de información pueden resultar en confusión, frustración, desesperanza y estrés.

Conflicto

El estrés también puede surgir de un trabajo que el individuo no desea realizar o que está en conflicto con sus valores personales, sociales y familiares.

Responsabilidad

A mayor nivel de responsabilidad mayor nivel de estrés.

Relaciones en el trabajo

Las buenas relaciones en el trabajo con los superiores, los subordinados y los compañeros son algo crucial. En una organización, las discusiones abiertas de los problemas son algo esencial para impulsar las relaciones positivas.

Cambios en el trabajo

Los cambios que alteran las rutinas psicológicas, fisiológicas y conductuales, como la promoción, el retiro y el despido, son extremadamente estresantes.

Encuesta sobre las condiciones de trabajo

CAUSAS

3 puntos por cada una

☐ la compañía ha sido adquirida recientemente.

☐ han habido reducciones/recortes del personal en el último año.

☐ el departamento/compañía ha tenido una reorganización importante.

☐ el personal espera que la compañía sea vendida o reubicada.

☐ se han recortado bastante los beneficios de los trabajadores recientemente.

☐ se requiere con frecuencia trabajar de manera obligatoria tiempo extra.

☐ los empleados tienen poco control sobre su trabajo.

☐ las consecuencias de cometer errores son muy severas.

☐ las cargas de trabajo varían demasiado.

☐ la mayoría del trabajo se efectúa al ritmo de una máquina o a un ritmo rápido.

☐ el personal debe reaccionar en forma rápida y precisa a los cambios.

2 puntos por cada una

☐ existen pocas oportunidades de progreso.

☐ el papeleo administrativo obstaculiza que se hagan las cosas.

☐ hay personal, presupuesto o tecnología inadecuadas.

☐ la paga se encuentra debajo de la tarifa actual.

☐ los beneficios por enfermedad y días festivos están por abajo de lo normal.

☐ los empleados son rotados entre los turnos.

☐ se han introducido nuevos métodos de trabajo o maquinaria nueva.

☐ los niveles de ruido o vibración son elevados o la temperatura se mantiene cambiando.

☐ los empleados generalmente están aislados uno del otro.

☐ el funcionamiento de las unidades de trabajo por lo general está por debajo del promedio.

REMEDIOS

3 puntos por cada uno

☐ el personal es reconocido y recompensado por sus contribuciones.

☐ la dirección lleva a cabo acciones firmes para reducir el estrés.

☐ se proporcionan beneficios laborales sobre salud mental.

☐ la compañía tiene un programa formal de comunicación para empleados.

☐ se le da al personal información sobre cómo manejar el estrés.

☐ se le da al personal instrucciones claras sobre el trabajo.

☐ la dirección y el personal pueden hablar abiertamente unos con otros.

☐ los empleados tienen libertad para hablar unos con otros.

2 puntos por cada uno

☐ las reglas del trabajo se publican y son iguales para todos.

☐ se dispone de programas para el cuidado de los niños.

☐ los empleados pueden trabajar con flexibilidad de horario.

☐ los ascensos se otorgan con justicia a quienes los merecen.

☐ los empleados tienen acceso a la tecnología necesaria.

☐ el personal y la dirección están entrenados en la resolución de conflictos.

☐ el personal recibe entrenamiento cuando se le asignan tareas nuevas.

☐ la compañía impulsa el trabajo y los grupos de apoyo del personal.

☐ el personal tiene espacio y tiempo para poder relajarse.

1 punto para cada uno

☐ se dispone de un programa de asistencia al personal.

☐ el espacio de trabajo de cada empleado no está sobrepoblado.

☐ el personal puede tener artículos personales en sus áreas de trabajo.

☐ la dirección aprecia el humor en los sitios de trabajo.

☐ se dispone de programas para el cuidado de los ancianos.

Sustrae el total de puntos para los reductores de estrés, del total para los productores de estrés. Los resultados se ubicarán en un rango desde menos de 50 puntos, para condiciones de trabajo excelentes, hasta más de 60 puntos, para un entorno de trabajo con mucho estrés.

Rasgos de la personalidad

Personalidades Tipo A y Tipo B

Dos cardiólogos norteamericanos, Friedmann y Rosenman, se percataron de que muchos de sus pacientes con enfermedades del corazón compartían características de personalidad similares y tendían a encontrar difícil ajustar su estilo de vida a una forma que ayudara a su recuperación. Luego de una investigación detallada descubrieron una relación importante entre ciertos patrones de conducta habituales y las enfermedades relacionadas con el estrés.

Reportaron que los hombres con un comportamiento Tipo A eran seis veces más propensos a sufrir enfermedades del corazón, que los hombres que exhibían el comportamiento Tipo B. El comportamiento Tipo A presenta cuatro patrones principales:

- *intenso sentido de la urgencia temporal*: siempre apresurado, tratando de lograr más en menos tiempo.

- *hostilidad y agresión incorrectas:* en competencia excesiva, se le hace difícil relajarse y tener un rato de diversión; la provocación más ligera puede provocar hostilidad.

- *comportamiento múltiple:* se involucra en dos o más cosas de manera simultánea, en el momento incorrecto.

- *carencia de una planeación adecuada:* falta de planeación para lograr las metas requeridas.

Muchos estudios de personas que exhiben personalidades del Tipo A en rangos muy amplios de contexto, muestran que las características comunes incluyen:

- horarios extensos de trabajo.

- pasan más tiempo en clases (los estudiantes).

- viajan más por asuntos de negocios.

- duermen menos.

- están más involucrados en trabajos voluntarios, clubes, etc.

- pasan menos tiempo descansando o relajándose.

- trabajan más en la casa.

- se comunican menos con sus asociados.

- tienen menos sexo marital.

- obtienen poco placer al socializar

El comportamiento Tipo A produce más estrés en el sistema cardiovascular, estimulando la alta presión sanguínea, un ritmo cardiaco acelerado y un riesgo elevado de ataques cardiacos.

El comportamiento de Tipo B es lo opuesto: es más relajado, menos apresurado, menos competitivo. Los rasgos de carácter principales incluyen:

- *capaces de tener un punto de vista a largo plazo*: no intentan lograr metas irreales o aceptar más de aquéllo que pueden hacer; son mejores delegando.

- *la velocidad no es tan importante:* no se preocupan si algunas metas no se pueden terminar en el plazo fijado.

- *sentido de identidad personal:* no sienten que tienen que ganarse el respeto y el amor; están seguros de lo que son y de lo que hacen.

- *sentido de proporción:* no se sienten en una lucha constante: siempre mantienen un sentido de equilibrio en los acontecimientos de su vida.

El clasificar a los individuos como personalidades Tipo A o Tipo B, ayuda a explicar el porqué algunas personas son más propensas a las enfermedades relacionadas con el estrés. Sin embargo, se debe enfatizar que la distinción entre estos dos tipos de personalidades no es absoluta; la mayoría de las personas se ubican entre los dos tipos extremos descritos.

Cuestionario acerca del tipo de personalidad

En la lista de atributos que sigue a continuación, circula el número que más representa tu comportamiento.

En un extremo de la escala se encuentra el comportamiento Tipo A, en el otro está el comportamiento Tipo B.

1 Nunca llega tarde	12345054321	Informal en citas
2 No es competitivo	12345054321	Muy competitivo
3 Anticipa lo que otros van a decir (asiente, interrumpe, termina la frase)	12345054321	Escucha bien
4 Siempre apresurado	12345054321	Nunca apresurado
5 Puede esperar pacientemente	12345054321	Impaciente
6 Se esfuerza demasiado	12345054321	Indiferente
7 Hace una cosa a la vez	12345054321	Hace demasiado
8 Enfático al hablar	12345054321	Habla lento deliberadamente
9 Desea un buen trabajo que sea reconocido por otros	12345054321	Busca la satisfacción personal a pesar de lo que digan otros

10 Rápido (al comer, caminar, etc.)	12345054321	Calmado al hacer las cosas
11 Despreocupado	12345054321	Ansioso
12 Oculta sus sentimientos	12345054321	Expresa sus sentimientos
13 Muchos intereses externos	12345054321	Pocos intereses externos
14 Conforme con su trabajo	12345054321	Ambicioso

Las calificaciones elevadas para una personalidad Tipo A se obtienen en el lado derecho de la escala con las preguntas 2, 5, 7, 11, 13, 14; y en el lado izquierdo de la escala con las preguntas 1, 3, 4, 6, 8, 9, 10, 12. Otórgate 10 puntos si calificas al final de la escala hacia el Tipo A, descendiendo hasta 0 puntos al otro final de la escala, que representa el Tipo B.

Influencias infantiles y educativas

Una infancia traumática probablemente conduzca a altos niveles de estrés en un adulto. Una niñez difícil muy probablemente dé origen a una estima personal escasa, una seguridad personal insuficiente, una dificultad para expresar creencias, actitudes y sentimientos personales, y una tendencia a depender de otros para poder tener una sensación de bienestar emocional y estima personal. La sobredependencia en otros quizás conduzca a la frustración, ya que las expectativas serán frustradas de manera inevitable, conduciendo a sentimientos de frustración, enojo, depresión y falta de esperanza en la edad adulta.

Expectativas irreales

Las expectativas irreales son una fuente común de estrés. Las personas a menudo se molestan con algo, no debido a que en sí esto sea estresante, sino debido a que no concuerda con lo que ellos esperaban. Por ejemplo, veamos la experiencia de conducir en un tráfico lento. Si esto te ocurre en la hora de más premura, quizás no te guste, pero no te sorprenderá o te molestará. Sin embargo, si esto ocurre un domingo en la tarde, en especial si esto te retrasa para algo, es más probable que te cause estrés.

Cuando las expectativas son reales, la vida se siente más predecible y, por consiguiente, más controlable. Existe una sensación mayor de control debido a que puedes planear y prepararte (física y psicológicamente). Por ejemplo, si conoces con anticipación cuándo tendrás que trabajar tiempo extra o quedarte a trabajar hasta muy tarde, será más factible que puedas aceptarlo sin alterarte que si esto se te presenta en el último minuto.

Actitudes y creencias

Una gran cantidad de estrés proviene de nuestras creencias. Literalmente, tenemos miles de afirmaciones y suposiciones acerca de toda clase de cosas, las cuales sostenemos como verdad. Entre éstas, "No puedes derrotar al sistema", "El cliente siempre tiene la razón", "Los hombres no deben mostrar sus emociones", y "Los niños deben limpiar sus habitaciones". Tenemos creencias sobre cómo deben ser las cosas, cómo deben de comportarse las personas, y acerca de uno mismo ("No puedo recordar los nombres de las personas"). La mayoría de nuestras creencias se sostienen de manera inconsciente, así que no estamos conscientes de ellas. Esto les da más poder sobre nosotros y les permite regir nuestras vidas.

Las creencias causan estrés de dos formas. La primera es el comportamiento que resulta de ellas. Por ejemplo, si piensas que el trabajo debe venir primero que el placer, es más probable que trabajes más arduamente y tengas menos tiempo de descanso que si pensaras de otra manera. Si crees que las personas deberían satisfacer las necesidades de los demás antes que las suyas, es probable que te descuides a ti mismo en cierta medida.

Estas creencias son expresiones de una filosofía o un sistema de valores personales, que resultan en un esfuerzo creciente y un relajamiento decreciente, es decir, una fórmula para generar estrés. No hay una verdad objetiva con la cual iniciar. Realmente, éstas sólo son opiniones, pero conducen a un comportamiento estresante. Descubrir las suposiciones inconscientes detrás de las acciones puede ser de utilidad para cambiar nuestro estilo de vida.

La segunda forma en que las creencias causan estrés es cuando están en conflicto con las de otras personas. Sin embargo, siempre se debería recordar que las suposiciones personales no son necesariamente verdaderas, sino más bien opiniones, y por consiguiente, pueden ser impugnadas. En situaciones de conflicto, siempre es de utilidad que los protagonistas traten de revisar sus creencias, o al menos, que admitan que las creencias sostenidas por la otra persona pueden ser tan válidas como las suyas. Este ejercicio de apertura mental por lo general ayuda a disminuir el estrés del antagonismo.

Parte III

AUTOAYUDA

No sería posible, o deseable, eliminar todos los efectos del estrés en nuestras vidas. La meta del dominio del estrés debe ser utilizar y controlar los efectos del estrés para ayudar a enriquecer nuestro bienestar físico, mental y emocional.

El control positivo del estrés incluye reconocer la existencia y el tipo de estrés, y entonces, llevar a cabo una acción para remediarlo.

Al tener la raíz de las causas de tu estrés, no sólo puedes aliviar tus problemas y tus síntomas actuales, sino que también puedes prevenir las situaciones recurrentes.

Las acciones para remediar el estrés se encuentran dentro de tres categorías importantes:

• cambiar tu pensamiento.

• cambiar tu comportamiento.

• cambiar tu estilo de vida.

El cambio de tu pensamiento

Reformulando

Reformular es una de las técnicas más poderosas y creativas de los reductores del estrés. Es una técnica usada para cambiar la manera en que contemplas las cosas con el fin de sentirte mejor acerca de ellas. Todos hacemos esto de manera inadvertida todo el tiempo. La clave para reformular es reconocer que existen muchas formas para interpretar la misma situación. Es como la vieja pregunta: ¿el vaso está medio vacío o medio lleno?

Desde luego, la respuesta es que está o lo uno o lo otro, o ambos, dependiendo de tu punto de vista. Sin embargo, si ves el vaso medio lleno, se sentirá diferente que verlo medio vacío, debido a que la forma en que nos sentimos casi siempre se origina de la forma como pensamos.

El mensaje de reformular es éste: existen varias maneras de ver la misma cosa —así que puedes seleccionar aquélla que te agrade. Reformular no cambia la realidad externa, sino simplemente te ayuda a ver las cosas de manera diferente —y con menos estrés.

Tus derechos

1. Tengo el derecho de expresar mis sentimientos.
2. Tengo el derecho de expresar mis opiniones y creencias.
3. Tengo el derecho de decir "Sí" o "No" por mí mismo.
4. Tengo el derecho de cambiar de opinión.
5. Tengo el derecho de decir "No entiendo".
6. Tengo el derecho de ser simplemente yo mismo, y no actuar sólo en beneficio de otros.
7. Tengo el derecho de declinar la responsabilidad por los problemas de otros.
8. Tengo el derecho de hacer peticiones razonables a otros.
9. Tengo el derecho de establecer mis propias prioridades.
10. Tengo el derecho a ser escuchado y ser considerado con seriedad.

Cada uno de los puntos anteriores puede ser personalizado: si tu jefe te pide de improviso que te quedes a trabajar hasta muy tarde, entonces por los derechos 3 y 7, tu decisión podría ser: "Tengo el derecho para rehusar esta petición irracional, se me debería haber avisado con anterioridad".

Pensamiento positivo

Cuando te enfrentes a situaciones estresantes trata de evitar preocuparte con pensamientos debilitantes, de falta de energía, abatimiento, fracaso y desesperanza. El estrés crónico puede hacernos vulnerables a la sugestión negativa, así que trata de concentrarte en lo positivo:

- concéntrate en tus habilidades y fuerzas.

- aprende del estrés en el que te encuentras.

- busca oportunidades en la situación estresante.

- selecciona lo que sea positivo — realiza el cambio.

Cambia tu comportamiento

Sé firme

Ser firme significa tomar el control y avanzar para realizar tus aspiraciones y necesidades, mientras permaneces consciente de los deseos de los demás. La firmeza ayuda a controlar las situaciones estresantes, y a su tiempo, reducirá su frecuencia. La falta de firmeza a menudo es el resultado de una autoestima baja y una confianza en uno mismo escasa, factores que agravan los niveles de estrés y pueden incluso transformar situaciones y acontecimientos relativamente benignos, en crisis potenciales.

La clave para la firmeza es la comunicación verbal y la no verbal. Las personas que no pueden comunicar adecuadamente sus necesidades o deseos se crearán ellos mismos diversos problemas. Por ejemplo, la persona que no puede decir 'no' a las solicitudes de otros muy probablemente será abrumada por las exigencias externas; la persona que encuentra difícil expresar sentimientos y pensamientos personales no tendrá satisfacción personal y no estará cómoda con su propia identidad; un estilo de comunicación demasiado agresivo evitará que la persona cree relaciones personales íntimas.

Todos mostramos diferentes grados de comportamiento pasivo, agresivo o firme, en diferentes ocasiones y diferentes situaciones. Los problemas surgen cuando una reacción particular carece de utilidad para una situación en particular, y encontramos difícil cambiar a un estilo de respuesta más apropiado. Para mejorar nuestra firmeza debemos aprender cómo ampliar el rango de nuestro estilo de comunicación para permitir una mayor flexibilidad de respuestas en situaciones diferentes.

Es importante reconocer que todos somos iguales y tenemos los mismo derechos básicos. Ser demasiado pasivo significa negar sus propios derechos al fracasar en expresar sentimientos, pensamientos y opiniones honestas; permitiendo a los demás, de esta manera, que violen nuestros derechos. Una persona pasiva puede expresar pensamientos y sentimientos de una forma tan autodenigrante y llena de disculpas que las demás personas los rechazarán con facilidad.

El no ser firme significa permitir a otras personas caminar por encima de ti, negando la validez de tus propias necesidades, y rindiendo el control de la situación a estas otras personas. Esto conduce a sentimientos estresantes de ansiedad, incapacidad, frustración y enojo.

Ser firme implica permanecer erguido con tus derechos personales y expresar tus pensamientos, sentimientos y opiniones de manera directa, honesta y espontánea, sin infringir los derechos de los demás. Las personas con firmeza se respetan a sí mismas y a otros, y toman responsabilidad por sus acciones y sus decisiones. Se dan cuenta de sus necesidades y piden abierta y directamente lo que quieren.

Si fracasan en su empeño por cualquier razón, pueden sentirse decepcionadas, pero su confianza en sí mismas permanece intacta. No dependen de la aprobación de los demás.

Las habilidades útiles de la firmeza, tanto verbales, como no verbales incluyen:

- Establecer un buen contacto con los ojos, pero no fijar la mirada.

- Permanecer cómodamente de pie o sentado, sin inquietarse.

- Hablar con una voz estable y firme, en lugar de titubear o gritar.

- Usar gestos para enfatizar algunos puntos (manuales, expresiones faciales, posturas del cuerpo).

- Usar afirmaciones como "Yo pienso...", "Siento que..."

- Usar afirmaciones de interés basadas en la empatía, como "¿Qué opinas?", "¿Cómo te sientes?"

- Ser conciso e ir al punto. Decir claramente el mensaje que deseas que la otra persona escuche.

Mientras más te mantengas firme contigo mismo, mayor será tu autoestima. Tus oportunidades de conseguir lo que quieres de la vida mejorarán enormemente cuando permitas que otros sepan lo que deseas y tú te mantengas firme con tus propios deseos y necesidades.

Expresar los sentimientos negativos en la ocasión apropiada evita la creación de resentimientos. Al ser menos ansioso y centrado en ti mismo, y menos impulsado por la necesidad de autoprotección y control, serás capaz de dominar el estrés en forma exitosa, y también de amar y apreciar a otros y a ti mismo con mayor facilidad.

Organízate

Estar desorganizado en forma permanente, ya sea en el trabajo o en el hogar, es una de las causas más comunes de estrés. Los entornos estresantes se suavizan cuando impones una forma de orden; esto ofrece seguridad en contra de los problemas que aparezcan de la nada. Un patrón de actividades demasiado inflexible sería impráctico, pero mantener algunas listas diariamente, dándoles prioridades a las obligaciones, ayudará a contener las situaciones estresantes. El escribir los objetivos, las obligaciones y las actividades ayuda a hacerlas más tangibles y superables. No intentes sobrecargar tu mente con demasiada información; si ya te encuentras estresado hay una mayor probabilidad de olvidar la información y las referencias vitales. Si mantienes el control sobre lo que estás haciendo hay una menor posibilidad de caer en un caos personal o profesional.

Ventilar

Existe una expresión antigua de que "un problema compartido es un problema reducido a la mitad". Las personas que se guardan todo para ellas mismas soportan un peso considerable e innecesario. Hablar de un problema con otros puede ser el primer paso para eliminarlo. Sería de gran valía desarrollar un sistema de asistencia, con algunos parientes, compañeros o amigos confiables con los que platicar cuando estés molesto o preocupado. Con frecuencia no son los acontecimientos en sí los que son estresantes, sino la forma en que uno los percibe. Otra forma de comunicación que puede ser de utilidad es escribir, por ejemplo, en un diario privado en casa, o cartas a alguna persona, las cuales deben ser destruidas con posterioridad. El valor de esto se encuentra en poder expresar los sentimientos y deshacerse de ellos. Volver a leer la carta sólo podría reforzar la molestia y reavivar el enojo.

Registra tus emociones

Mantener un diario de trabajo te ayudará a mantenerte organizado. Mantener un diario personal te ayudará a expresar tus emociones y a comprenderlas mejor. Mantener un registro diario, en forma de tabla, de tus emociones y tus niveles de estrés también puede ayudarte a identificar los aspectos estresantes de tu vida. Llevar un registro de esta información, incluso sólo una vez por semana, puede mostrar que los mismos tipos de situaciones estresantes se repiten una y otra vez. Reconocer cuáles son, es el primer paso para combatir el estrés. La tabla pronto podría mostrar que se requiere una combinación de reorganización, cambio de estilo de vida y actitud, y técnicas de relajamiento.

El objetivo es animarte a visualizar formas de evitar o de enfrentarte a situaciones difíciles. Se presenta un ejemplo de una tabla con estas características en las páginas siguientes.

Buen humor

El buen humor es un maravilloso reductor del estrés y un antídoto para las molestias, tanto en el hogar como en el trabajo; con frecuencia nos reímos más cuando nos hemos estado sintiendo muy tensos. La risa alivia la tensión muscular, mejora la oxigenación, regula los latidos del corazón y bombea endorfina, el analgésico natural del cuerpo, en la corriente sanguínea.

Ejemplo de una carta de emociones

Día	Hora	Situación	Persona
Lunes	8:40 am	Tráfico pesado	—
	9:10 am	Tarde al trabajo	—
	11 am	Encargarse de queja. Error mío	Cliente enojado, gritando
	2 pm	Cancelación cita por amiga	Sara
	3 pm	Elogiado en junta	Jefe. Sr. García
	4:55 pm	La computadora se descompone y pierdo una hora de trabajo	—
	7 pm	Discusión acerca de tareas domésticas	Pepe (hijo)
	9 pm	Hora de relajarse y platicar	Eric (esposo)
Martes	8 am	Camino al trabajo	—
	8:50 am	Rehacer el trabajo perdido ayer	—
	10 am	Compañera de trabajo pasándome su trabajo	Patricia

Emoción	Nivel de estrés	Táctica de manejo
Frustración	Moderado	Tomar nueva ruta
Preocupación	Moderado a alto	Salir más temprano
Reprimirse, enojo	Alto	Organizar mejor los archivos
Decepción, molestia	Moderado	No estancarse en la decepción
Felicidad, alivio	Bajo	—
Frustración, enojo	Alto	Salvar y hacer respaldos con frecuencia
Disgusto	Alto	No gritar. Rotación de tareas. Ser firme
Calma, feliz	Ninguno	—
Irritada	Ligero	Recordar que hay tiempo
Poco molesta	Bajo	—
Muy enojada	Alto	Junta para discutir trabajo

Diversión y distracción

Tómate un tiempo para salir (así sea desde una pequeña caminata hasta unas vacaciones), y alejarte de aquello que te está molestando. Esto no resolverá el problema, pero te proporcionará un descanso y una oportunidad para que tu nivel de estrés disminuya. Entonces, podrás regresar a encargarte de la situación más descansado y en un mejor estado de ánimo.

Cambia tu estilo de vida

Dieta

La mayoría de los expertos están de acuerdo en que una dieta bien balanceada es crucial para preservar la salud y ayudar a reducir el estrés. Ciertos alimentos y bebidas actúan como estimulantes muy poderosos para el organismo y por eso constituyen una causa directa del estrés. Esta estimulación puede ser placentera a corto plazo, pero dañina con consumos prolongados.

Cafeína

La cafeína es una droga que se encuentra por lo común en alimentos y bebidas como el café, el té, el chocolate y la cocacola. Es un estimulante fuerte que en realidad genera una reacción de estrés en el cuerpo, al causar una elevación en la secreción de adrenalina. En dosis pequeñas la cafeína puede tener un efecto positivo en nuestra salud —sus efectos iniciales son un incremento de la viveza y un incremento en la actividad de los músculos, el sistema nervioso y el corazón. No obstante, demasiada cafeína tiene el mismo efecto en los sistemas corporales que el estrés prolongado: letargo, ansiedad, sobreestimulación, dolores de cabeza, migraña, inestabilidad emocional y palpitaciones. La gente a menudo usa la cafeína para acelerar un sistema ya sobrecargado. Algunos estudios también han indicado una posible relación entre la ingestión de cafeína, con niveles altos de colesterol y con la hipertensión.

La mejor forma de observar el efecto de la cafeína es eliminarla del sistema el tiempo suficiente para ver si hay una diferencia en la forma como uno se siente. Muchas personas sienten cierto beneficio luego de tres semanas. Se sienten más relajadas, menos inquietas o nerviosas, duermen mejor, tienen más energía (una paradoja, ya que están removiendo un estimulante), menos acidez y menos dolores musculares. Para evitar los síntomas de alejamiento es mejor disminuir la ingestión una taza por día hasta que se llegue a cero; entonces, abstenerse por tres semanas.

Alcohol

El alcohol es otra droga muy popular. La evidencia sugiere que el consumo moderado de alcohol puede disminuir los riesgos de enfermedades del corazón, pero cuando se usa en exceso puede tener muchas consecuencias debilitantes para la salud física y mental. Desde el punto de vista del estrés tiene una gran cantidad de efectos importantes.

Como la cafeína, el alcohol estimula la secreción de adrenalina, produciendo los mismos problemas de tensión nerviosa, irritabilidad e insomnio. En exceso, el alcohol incrementa los depósitos de grasa en el corazón y disminuye la función de inmunidad.

El alcohol también es una toxina para la médula de los huesos, y tiene un impacto severo en el hígado, inhibiendo la capacidad de ese órgano para desintoxicar el cuerpo. Estas toxinas incluyen la liberación de hormonas durante el estrés, las cuales continuarán circulando en el cuerpo si la función del hígado es afectada.

Fumar

Muchas personas usan el cigarrillo como un mecanismo para enfrentarse a situaciones de estrés, y parece que fumar durante poco tiempo puede ayudar a reducirlo. Sin embargo, los riesgos de fumar durante periodos prolongados descompensan en mucho sus propiedades paliativas.

Fumar es una de las causas más importantes de enfermedades y muertes a nivel mundial. Los cigarrillos causan indudablemente una gran cantidad de cánceres, en especial los del pulmón y la vejiga urinaria, y también contribuyen al desarrollo de la hipertensión, las enfermedades respiratorias y los problemas cardiacos.

Azúcar

El azúcar simple no contiene ninguno de los nutrientes esenciales, como la proteína, las fibras, los minerales o las vitaminas. El consumo excesivo de azúcar resulta en un resurgimiento de la energía en el cuerpo por un periodo corto, lo cual provoca un posible agotamiento de las glándulas suprarrenales. Esto puede producir irritabilidad, concentración deficiente y depresión. La ingestión excesiva de azúcar también puede resultar en subidas repentinas de los niveles de azúcar en la sangre, causando tensión en el páncreas, el cual produce insulina, creando así un gran riesgo de desarrollar diabetes.

El consumo excesivo de azúcar también puede conducir a diversos problemas de salud muy desagradables, que incluyen caries dental severa, obesidad, inestabilidad emocional e hipoglucemia.

El consumo de azúcar puede reducirse comiendo fruta fresca como postre en lugar de postres azucarados; bebiendo jugos de frutas sin endulzar, licuados sin azúcar y agua carbonatada; tomando el café y el té sin azúcar; buscando en los supermercados productos etiquetados como sin azúcar; y evitando alimentos "chatarra".

Sal

Debes disminuir la sal en tu dieta. Se deben evitar los alimentos ricos en sal, como los productos tratados y conservados, como el tocino, el jamón, las salchichas y las hortalizas en salmuera.

La ingestión excesiva de sal puede tener diversos efectos secundarios dañinos, como hipertensión, funcionamiento deficiente de las glándulas suprarrenales e inestabilidad emocional. En lugar de sal usa un substituto de sal, el cual es rico en potasio en lugar de sodio.

Grasas

Es importante limitar la cantidad de grasa en tu dieta. Demasiada grasa causa obesidad y ocasiona demasiada fatiga al corazón. También hay evidencia de que las dietas ricas en grasas contribuyen, en la sociedad occidental, al crecimiento de las incidencias del cáncer en pecho, colon y próstata. Básicamente, existen dos tipos de grasas:

- *grasas saturadas* — existentes en la leche, queso, mantequilla, grasas animales, grasas vegetales, panecillos, pasteles y postres.

- *grasas no saturadas* — *que incluyen las grasas poliinsaturadas* que se encuentran en el aceite de girasol, de maíz, de soya, en las nueces, la trucha, el bonito y el arenque.

Los nutriólogos aconsejan que deberíamos sustituir las grasas saturadas por grasas poliinsaturadas cada vez que sea posible. Esto ayudará a evitar la tendencia a la obesidad y a evitar la elevación de los niveles de colesterol en la sangre, lo cual podría ocasionar enfermedades cardiovasculares y una muerte prematura.

Alimentación saludable

Debería haber quedado muy claro que es importante evitar demasiada sal, azúcar y productos lácteos en nuestra dieta. Estos alimentos tienden a promover la secreción de adrenalina, lo que disminuye la tolerancia al estrés, además, tienen un efecto negativo en la salud del sistema cardiovascular. Los siguientes alimentos, al ser parte de una dieta balanceada, promoverán la buena condición física, la energía, el cuidado del sistema nervioso, la nutrición de los músculos, el mejoramiento de la circulación y la oxigenación, así como un soporte para el sistema inmunológico y un sentimiento general de positividad y tranquilidad:

- *granos integrales* — trigo, arroz, avena, cebada, centeno, maíz — son una fuente de carbohidratos complejos, vitaminas y minerales esenciales y otros nutrientes que son de gran valor para mejorar la tolerancia al estrés.

- *frijoles* — frijoles de soya, alubias, habas, lentejas, garbanzos — son una excelente fuente de vitaminas del complejo B antiestrés.

- *frutas frescas y vegetales* — son una excelente fuente de vitaminas esenciales y fibras alimenticias.

Vitaminas y minerales

Las vitaminas son un grupo de nutrientes orgánicos separados de los químicos, esenciales en pequeñas cantidades para un metabolismo normal, el crecimiento y el bienestar físico general. Estos nutrientes deben obtenerse mediante la alimentación, ya que no son sintetizados en el cuerpo. En general, todas las vitaminas requeridas por una persona promedio pueden obtenerse de una dieta natural, bien balanceada. Sin embargo, el estrés incrementa la actividad celular, lo cual provoca un incremento en el uso de nutrientes, así que bajo un estrés crónico pueden ocurrir ciertas deficiencias vitamínicas.

Las siguientes vitaminas y suplementos alimenticios están disponibles en la mayoría de las farmacias y tiendas de nutrición. Para una mayor información contacta a tu médico, tu tienda de nutrición más cercana, al farmacéutico o a un practicante de nutrición alternativa.

Vitamina C

La deficiencia de vitamina C es un problema común causado por el estrés, que entorpece la capacidad del cuerpo para crear y absorber la vitamina. La deficiencia de vitamina C se ha relacionado a un tipo de enfermedades y desórdenes que incluyen escorbuto, letargo, fatiga, debilitamiento del sistema inmunológico y enfermedades degenerativas como la artritis y la arteriosclerosis. Se cree que el alcohol y los cigarrillos inhiben la acción de la vitamina C. Los alimentos ricos en vitamina C son las frutas y los vegetales frescos.

Vitamina B_6

La vitamina B_6 es esencial para la salud del sistema nervioso. Es importante para mantener un sistema inmunológico saludable, y existe evidencia de que la vitamina B_6 tiene un papel importante en la limitación del crecimiento de ciertos tumores cancerosos y del cáncer en la piel. La vitamina B_6 alivia una amplia variedad de síntomas premenstruales, como la sensibilidad del pecho, aumento de peso (por retención de agua) y la irritabilidad. Esta importante vitamina también ha mostrado ser de gran ayuda para reducir o eliminar los síntomas de las contracciones nerviosas y de los ataques epilépticos. La carencia de vitamina B_6 puede producir agotamiento físico y mental, y ha sido relacionada con la anemia.

Se recomiendan dosis suplementarias de vitamina B_6 cuando se está bajo estrés, durante las náuseas del embarazo y para la ansiedad. Los alimentos ricos en vitamina B_6 son pescado, vegetales frescos, leguminosas y cereales integrales.

Vitamina B_{12}

La vitamina B_{12} es vital para la elaboración de la sangre y la salud del sistema nervioso. Vivir con estrés persistente y sin resolver podría provocar, y a la larga lo hará, síntomas de deterioro físico y colapso mental y emocional. La vitamina B_{12} ayuda a combatir las enfermedades, a recuperarse más rápido de las infecciones virales, y a restaurar la falta de apetito. Los alimentos ricos en vitamina B_{12} son las carnes rojas, el pescado y los productos lácteos.

Vitamina B_5 (Ácido Pantoténico)

El ácido pantoténico es esencial para el funcionamiento adecuado de las glándulas suprarrenales, cuya salud es muy importante para el manejo del estrés. La mayoría de los expertos están de acuerdo en que las dosis suplementarias de ácido pantoténico son recomendables para ayudar a aliviar los síntomas del estrés crónico.

Selenio

Este microelemento es esencial para el crecimiento y el desarrollo normal. Actúa como un antioxidante, un agente antipolución, y ayuda a reforzar el sistema inmunológico. La investigación indica una posible relación entre las enfermedades cardiacas y la deficiencia de selenio. Los nutriólogos aconsejan que los suplementos de selenio son mejores si se toman junto con vitamina E.

Hierro

La deficiencia de hierro provoca cansancio, agotamiento, anemia y estados de ánimo depresivos. La deficiencia de hierro puede provenir de una deficiencia de vitamina C, la cual limita la absorción de hierro en el cuerpo. Los síntomas de la deficiencia de hierro incluyen uñas quebradizas, palidez y úlceras bucales. Entre los alimentos ricos en hierro se incluyen leguminosas, granos, pescados, aves, carnes rojas, espinacas, papas y chícharos.

Zinc

La deficiencia de zinc es una señal común de estrés y puede causar problemas estomacales, un colapso del sistema inmunológico, recuperación deficiente, falta de apetito y fatiga. Los alimentos ricos en zinc incluyen mariscos, productos lácteos, carne, raíz de jengibre y frijoles de soya.

Yodo

El abastecimiento de yodo en el cuerpo depende de una glándula tiroides saludable, la cual determina la velocidad metabólica del cuerpo — una deficiencia puede causar agotamiento, mientras que los suplementos de yodo tienen un efecto estimulante. Los alimentos ricos en yodo incluyen los mariscos, las espinacas y los pimientos verdes.

Calcio

El calcio es esencial para tener huesos, articulaciones, dientes, nervios y músculos saludables, y para una coagulación eficiente de la sangre. Los alimentos ricos en calcio incluyen productos lácteos, leguminosas, manzanas y col. Algunos alimentos, como el pan y la leche, tienen calcio agregado y se anuncian como adicionados con calcio.

Ejercicio

Es imposible sobrevalorar la importancia del ejercicio en el control del estrés. La reacción al estrés genera un estado de mucha energía, pero por lo general esa energía no tiene un lugar a donde dirigirse; por consiguiente, nuestros cuerpos pueden permanecer en un estado de excitación durante horas. El ejercicio es la manera más lógica para disipar este exceso de energía. Esto es lo que nuestros cuerpos están tratando de hacer cuando caminamos alrededor o golpeteamos con nuestros pies o dedos. Sería mucho mejor canalizar esto en una forma más completa de ejercicio, como una caminata enérgica, correr, andar en bicicleta o un partido de squash. Durante temporadas de estrés elevado, podríamos beneficiarnos con una descarga física inmediata —sin embargo, con frecuencia esto no es posible. No obstante, el ejercicio en forma regular puede drenar el estrés que se genera y mantener la situación bajo control, ya que mejora el sueño, reduce los dolores de cabeza, crea un sentimiento de bienestar, beneficia la concentración e incrementa el vigor. Durante el ejercicio se liberan en el cerebro las sustancias químicas llamadas endorfinas. Parecidas en su efecto a la morfina, estas sustancias producen una sensación de positivismo y felicidad, que durará algún tiempo después del ejercicio.

Es importante hacer ejercicio por lo menos tres veces por semana, durante un mínimo de 30 minutos en cada ocasión. Las actividades aeróbicas como caminar, trotar, nadar, andar en bicicleta, jugar squash, esquiar, clases de aerobics y bailar son recomendables. Escoge actividades que te guste hacer o las sentirás como una obligación y comenzarás a evitarlas. Es importante que al principio no te fuerces demasiado, y que busques consejo médico acerca de qué tipo de deporte puedes realizar. El cuerpo se beneficia más con periodos cortos de ejercicio regular que con ejercicios extenuantes poco frecuentes. Sé moderado en un programa de ejercicios, ya que hacer demasiado al poco tiempo de haber iniciado puede provocar agotamiento físico o una lesión

Sueño

A pesar de lo terrenal que pueda sonar, el sueño es una forma importante de reducir el estrés. La fatiga es un componente del estrés crónico (en algunos casos, resultado del insomnio provocado por el estrés), y cuando se está cansado es más difícil hacerle frente a las situaciones estresantes.

Cómo el ejercicio reduce el estrés

1. El relajamiento muscular y el ejercicio reducen la tensión muscular. Usan la energía originada por la respuesta "pelea o huye".

2. El ejercicio aeróbico prolongado causa la producción de endorfina, la cual produce una sensación de euforia y relajamiento.

3. El ejercicio mejora y mantiene una buena circulación y niveles bajos de presión sanguínea.

4. El ejercicio puede ayudar a aclarar la mente de pensamientos preocupantes y ansiedades, y puede generar creatividad y la resolución de problemas.

5. El ejercicio mejora la imagen propia y la apariencia y ayuda a controlar el peso.

6. El ejercicio puede generar un incremento de los contactos sociales y proporcionar un equilibrio con otras actividades, por ejemplo, en el trabajo, la escuela, el hogar y las responsabilidades familiares.

Esta dinámica puede crear un círculo vicioso. Cuando los individuos con estrés duermen más, se sienten mejor, más flexibles y adaptables para encargarse de las situaciones diarias.

La mayoría de las personas saben cuáles son sus requerimientos usuales de sueño (el rango es de cinco a diez horas por noche; el promedio es de siete a ocho horas); no obstante, un sorprendente porcentaje de la población está privado crónicamente de sueño. Si te sientes constantemente cansado, métete a la cama 30 ó 60 minutos más temprano y verifica los resultados después de unos días o de una semana. Si todavía estás cansado, vete a la cama 30 minutos más temprano que la vez anterior. Con el tiempo, habrá un patrón de sueño que ayude a reducir el estrés. Los tres criterios del éxito en esto son:

• despertar descansado.

• estar lleno de energía durante el día.

• despertar en forma natural antes de que la alarma se apague.

Dormir bien es excelente, pero si duermes demasiado tiempo esto altera tus ritmos corporales durante el día. Es mejor irse a la cama más temprano.

Las siestas en el día son un fenómeno interesante. Pueden ser valiosas si son cortas y se hacen en la hora adecuada (p. ej. no en la noche). La siesta corta es un sueño corto (de cinco a veinte minutos) que puede ser rejuvenecedor. Una siesta que dure más de 30 minutos puede hacerte sentir adormilado. Si sufres de insomnio, las siestas no son una buena idea. Más allá de estas advertencias, dormir más puede ser importante para reducir el estrés y ayudarte a actuar y funcionar mejor.

Tiempo libre

Nadie esperaría que un jugador de tenis completara todo el partido sin tomar descansos. Sorprendentemente, muchas personas racionales en otros aspectos, no piensan más que en trabajar de sol a sol sin tomar un descanso, y luego se sorprenden de por qué se ponen tan estresados.

Regular el ritmo

Es importante aprender a controlar el estrés y los niveles de energía, y entonces regular nuestro ritmo de acuerdo a ello. Regular el ritmo tiene que ver con conciencia y vigilancia, con saber cuándo extendernos y cuándo aflojar. Tiene que ver con actuar en base a la información proporcionada por nuestros cuerpos. La siguiente gráfica ilustra la relación entre el estrés y la ejecución, y nos lleva a las siguientes conclusiones importantes:

- Inicialmente, el incremento en el estrés produce un incremento en la ejecución.

- Una vez que pasas un cierto punto (la cima), más estrés produce una ejecución decreciente. Tratar con más ahínco en este punto es improductivo o incluso contraproducente. La única opción sensible es tomar un descanso.

Entendiendo el Stress

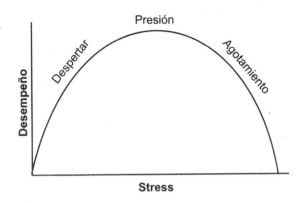

- Necesitamos una cierta cantidad de estrés para funcionar bien. No obstante, el estrés se vuelve perjudicial cuando existe en demasía, cuando dura demasiado tiempo o cuando ocurre demasiado a menudo.

- Uno de los primeros síntomas del estrés excesivo es la fatiga, la cual tendemos a ignorar. Es una buena idea seguir algunos pasos para reducir los niveles de estrés en este punto, antes de que la fatiga se convierta en agotamiento.

La otra clave para regular el ritmo es tomar descansos periódicos. Muchas personas continúan activas demasiado tiempo sin tomar descansos. Así como todos tenemos ciclos de sueño profundo y sueño normal durante toda la noche (aproximadamente a intervalos de 90 a 120 minutos), así también tenemos ciclos a través del día (puntos elevados de energía y concentración, entremezclados con descensos de energía baja e ineficiencia).

A estos ciclos se les ha llamado ritmos ultradinos porque ocurren muchas veces por día (opuestos al ritmo circadino de 25 horas). Necesitamos estar pendientes de estos descensos y tomar descansos de 20 minutos cuando éstos ocurran, en oposición a seguir trabajando a través de ellos y generar estrés.

No siempre es conveniente que tomemos descansos cuando la naturaleza nos dice que sí, pero todos podríamos tratar de hacer lo mejor posible al respecto. Un descanso a media mañana, en la comida, a media tarde y en la cena, divide el día en segmentos aproximados de dos horas. Estos tiempos libres pueden incluir siestas cortas, meditaciones, fantasear, intervalos sociales, una caminata corta, un descanso para tomar algo, un cambio a actividades de poca concentración o escuchar música. Son como la siesta corta, que simplemente es una buena inversión de tiempo que se paga a sí misma de inmediato con una productividad incrementada y un estrés reducido.

Equilibrio entre el trabajo y el tiempo libre

La optimización del equilibrio entre el trabajo y el tiempo libre es un medio importante para eliminar el estrés indeseado en nuestras vidas. A pesar de todos nuestros mecanismos para ahorrar tiempo, el tiempo libre todavía es un artículo evasivo para la mayoría de las personas. Las estadísticas demuestran que estamos trabajando tres horas extras más por semana comparado con lo que trabajábamos hace 20 años. Eso se traduce en un mes extra de trabajo cada año. Hay que agregarle a esto el fenómeno de las familias con dos ocupaciones (lo cual hace al tiempo libre y al tiempo con la familia algo muy escaso) y empezaremos a tener la imagen de una sociedad en una acelerada carrera.

El tiempo libre y los niveles de estrés son inversamente proporcionales —a menos tiempo libre, más estrés. Podría ser de utilidad dividir tu vida (excluyendo el tiempo de sueño) en cuatro secciones (trabajo, familia, comunidad y uno mismo), y entonces determinar qué porcentaje de tu tiempo y energía en una semana corresponde a cada parte. No hay un rango normal, pero cuando el trabajo está por encima del 60% y/o cuando la sección para uno mismo es menor al 10%, esto indica que puede haber un problema con el estrés. Todos requerimos cierto tiempo para satisfacer nuestras propias necesidades (cuidado personal, educación personal, etc.) y cuando esto se descuida, por lo general, aparecen los problemas. Las actividades dirigidas a uno mismo pueden incluir ejercicio, recreación, relajamiento, socialización, entretenimiento y aficiones.

La palabra libre se deriva de la palabra del latín *liber*, que significa "que no está sometido". La razón principal por la que muchas personas no tienen suficiente tiempo libre es porque están sometidas y no se toman un tiempo para disfrutar con libertad. El tiempo libre es uno de los reductores de estrés más placenteros que se hayan inventado jamás, y es extraño que las personas se resistan tanto a ello.

Parte IV

TERAPIA

No siempre es posible aliviar todas las causas y síntomas del estrés sin ayuda profesional. Además del médico familiar, existen una gran variedad de diversas terapias y medicinas alternativas disponibles, muchas de las cuales proporcionan un excelente alivio del estrés.

Medicina convencional

Tranquilizantes

Existe una variedad de drogas tranquilizantes que actúan para suprimir el sistema nervioso central, y por ende, reducir la ansiedad y otros síntomas relacionados con el estrés. Las benzodiazepinas, como el Valium, el Librium o el Ativán, son los tranquilizantes menores prescritos de manera más común. Debido a que estos productos tienen pocos efectos colaterales y son relativamente seguros en sobredosis, han llegado a reemplazar a los barbitúricos como sedantes prescritos y píldoras para dormir.

Las benzodiazepinas deprimen la actividad mental y la viveza, pero por lo general no ocasionan somnolencia o torpeza como los barbitúricos; no obstante afectan la capacidad de conducir y otras destrezas similares.

Por sí solas, las benzodiazepinas no pueden producir la "subida" que ocasionan el alcohol o los barbitúricos; luego de dos semanas de uso continuo pueden volverse ineficaces como píldoras para dormir, y después de cuatro meses pueden volverse ineficaces en contra de la ansiedad.

La dependencia a causa de un uso prolongado es más bien psicológica; las píldoras se vuelven un medio para enfrentarse con acontecimientos estresantes, y pudiera existir una ansiedad severa si la droga no está al alcance. En muchos usuarios aparecen síntomas de alejamiento si repentinamente dejan de tomar estas drogas, luego de ocho años de tratamiento con dosis normales.

Los síntomas incluyen insomnio, ansiedad, temblores, irritabilidad, náuseas y vómito. Estos síntomas son más notables con benzodiazepinas de corta acción como el lorazepam y el temazepam.

En los años 50s y 60s los doctores prescribían tranquilizantes menores casi indiscriminadamente, por periodos indefinidos. En nuestros días la profesión médica está más consciente de que los beneficios a corto plazo de estas drogas pueden ser sobrepasados por los problemas de dependencia y alejamiento a largo plazo.

Consejo y Psicoterapia

Existen varias organizaciones de apoyo y consejo que ayudan a manejar el estrés. Éstas van desde costosos especialistas en el manejo del estrés hasta clínicas gratuitas dirigidas por doctores locales. El consejo es especialmente bueno para los problemas a corto plazo: personas especializadas te ayudarán a identificar las causas del problema y aplicar las estrategias que logren evitar el comportamiento negativo, estableciendo el bienestar emocional y físico.

La psicoterapia se usa para resolver problemas emocionales y psicológicos a largo plazo. La psicoterapia usualmente es entregada por psiquiatras, psicólogos clínicos y trabajadores sociales psiquiátricos. Los trabajadores sociales psiquiátricos son entrenados en los métodos de tratamiento y con frecuencia trabajan como parte de un equipo en hospitales o clínicas. La psicoterapia en la actualidad se está practicando cada vez más por paraprofesionales, quienes tienen menos entrenamiento pero pueden ser supervisados por un profesional o pueden ser entrenados para trabajar con problemas concretos, usando métodos específicos.

La psicoterapia se lleva a cabo en varios formatos. La Terapia Individual se refiere al trabajo del terapista con una persona en su problema único; la relación entre el cliente y el terapista puede ser muy importante para producir un cambio. En la Terapia de Grupo, los terapistas se reunen con un grupo de pacientes y las interacciones entre los pacientes se convierten en una parte importante del proceso de la terapia.

Existen muchas teorías o escuelas de psicoterapia. Las dos más comunes son la Terapia Psicodinámica y la Terapia Conductual.

La Terapia Psicodinámica establece la hipótesis fundamental de que los desórdenes emocionales son únicamente síntomas de conflictos internos, inobservables e inconscientes, entre los componentes de la personalidad. Estos conflictos son el resultado de conflictos familiares sin resolver, experimentados en etapas tempranas de la infancia, que se reactivan en la edad adulta en situaciones problemáticas. El objetivo de las terapias psicodinámicas es revivir el conflicto antiguo y transferirlo a la relación con el terapista. Los síntomas se remueven cuando el terapista ayuda al paciente a resolver el conflicto en la relación de transferencia. El terapista interpreta la transferencia al paciente y lo ayuda a vencer las resistencias para la aceptación de la interpretación. Se usan métodos adicionales, como la interpretación de los sueños o las técnicas de asociación de palabras, para ayudar a descubrir el material inconsciente. El psicoanálisis de Sigmund Freud es el ejemplo más importante de una terapia psicodinámica.

El punto de vista conductual asume que toda conducta es aprendida. Los desórdenes emocionales se consideran respuestas condicionadas o hábitos que pueden ser modificados por los mismos principios de aprendizaje que gobiernan toda conducta.

Desde esta perspectiva, la psicoterapia significa proporcionar un aprendizaje correctivo o experiencias condicionantes.

Se emplean diferentes técnicas de terapia para remediar conductas desordenadas específicas. Por ejemplo, en el entrenamiento de destrezas sociales los pacientes practican manejando situaciones interpersonales difíciles mediante la ejecución de roles.

Medicina alternativa

Relajación

Una manera eficaz para reducir el estrés en el cuerpo se encuentra en ciertas disciplinas bajo el título de técnicas de relajación.

Así como todos podemos montar y sustentar una reacción al estrés, también hemos heredado la habilidad de poner nuestros cuerpos y mentes en un estado de relajación profunda llamado la "respuesta de relajación". En este estado, todos los acontecimientos fisiológicos en la reacción al estrés son revertidos: el pulso disminuye, la presión sanguínea decae, la respiración se vuelve más lenta y los músculos se relajan. No obstante, mientras que la reacción al estrés es automática, la respuesta de relajación tiene que ser inducida en forma deliberada. Afortunadamente, existen varias formas de hacer esto.

Sentarse tranquilamente en un parque o al lado de la chimenea, acariciar con ternura al gato de la familia, reclinarse en el sofá y algunas otras actividades de descanso pueden generar este estado. También existen habilidades específicas que se pueden aprender y que son eficaces y benéficas.

Un estado de relajación profunda obtenido a través de la meditación o la autohipnosis, realmente es más descansado, desde el punto de vista psicológico, que el sueño. Estas técnicas se aprenden mejor mediante cursos de entrenamiento formales, los cuales se aprenden en una gran variedad de lugares. Se pueden usar libros y cassettes de relajación cuando no se dispone de cursos o éstos estén más allá del presupuesto. En los días en los que no se puede realizar el ejercicio, las técnicas de relajación son una manera excelente para disminuir el nivel de estrés del cuerpo. Mientras que el ejercicio disipa la energía del estrés, las técnicas de relajación lo neutralizan, produciendo un efecto calmante. Tan sólo unos 20 minutos una o dos veces al día confieren un beneficio importante.

Planeación por adelantado

El tener algo de tiempo en un horario bastante ocupado quizá sea el más difícil de todos los requisitos de la relajación que se tiene que cumplir. Podrías necesitar la cooperación de tus amigos, tu familia o tus compañeros de trabajo. Si las personas cercanas a ti te ven desaparecer durante veinte minutos, pueden empezar a preguntarse qué está pasando... así que explícales lo que estás haciendo. Puedes tener que endurecer un poco la presión hasta que las otras personas aprecien la importancia que esto tiene para ti. Si no tienes éxito en conseguir su apoyo, entonces tendrás que cambiar tu programa (o tus amigos).

Selecciona una hora cuando sea menos probable que seas molestado; si es necesario, puede ser temprano por la mañana o tarde por la noche. Debes prepararte para la relajación haciendo antes un ejercicio moderado durante cinco o diez minutos. Después de la relajación, también deberías hacer un ejercicio moderado durante unos tres minutos para ayudar a reorientarte. El tiempo mínimo a emplear en esta rutina de tres partes será de veinte minutos.

Poniéndose cómodo

Depende de ti asegurarte de que te relajarás en una atmósfera totalmente libre de interrupciones. No debe haber radio, ni TV, ni música de fondo, ni incienso. Enciende la contestadora telefónica, y baja el volumen del timbre del teléfono si se encuentra en la misma habitación. Lo mejor es evitar los alimentos antes de la relajación.

Encuentra una silla confortable para sentarte. Tu espalda y tu cuello deben estar derechos, tus hombros no deben estar encorvados hacia adelante. Tus manos deben descansar cómodamente en tu regazo, entreabiertas. Tus pies deben estar sobre el piso y tus piernas no deben estar cruzadas, sólo es necesario sentarse de manera natural. A continuación, asegúrate de que no hay nada en el cuarto que te distraiga, como insectos, corrientes de aire, o luz directa del sol. Si te estás relajando en grupo, hazlo con gente experimentada —no hay nada más distractivo para la relajación que una explosión de risitas de tu compañero o de la persona que comparte la habitación.

Afloja las ropas y accesorios apretados, como los cinturones, las corbatas y las agujetas. Si para estar cómodo debes acostarte, descansa tus manos a unos tres centímetros a ambos lados de tu cuerpo y no cruces tus piernas. Una incomodidad física de cualquier clase provocará una secreción de adrenalina que te estimulará a estar tratando de remediar esto, creando una sensación de cansancio. Escucha lo que tu cuerpo está tratando de decirte para evitar una incomodidad en tu postura, y elimina la fuente de ésta antes de que te afecte.

Respiración correcta

La respiración en la relajación debe ser moderada, lenta y rítmica. No contengas la respiración, ni por el contrario, hagas jadeos cortos. Todo tu pecho debe estar trabajando en la respiración, no sólo la mitad superior; así que usa tanto los músculos del pecho como los del diafragma.

No inhales o exhales totalmente a fondo, no forces tu respiración, sólo hazlo en forma natural. Suspira o toma respiraciones profundas si necesitas hacerlo, pero trata de respirar de manera moderada, lenta y rítmica.

Actitud correcta

La mente humana es en gran medida una máquina procesadora automática sumamente compleja. Si tienes ciertos anhelos que no podrán realizarse, tu mente inconscientemente generará una respuesta de estrés como el primer paso para remediar la situación. Esa respuesta iniciará una multitud de reacciones fisiológicas subliminales que te harán sentir que deberías estar haciendo algo al respecto —se incrementan los latidos del corazón, los músculos se tensan y la disminución de la temperatura en la superficie corporal te hace sentir incómodo.

Tu actitud, tus anhelos y tus propósitos son el fundamento de tus pensamientos y tus acciones. Si este fundamento no se mantiene al mismo ritmo que tu realidad, tu relajación no será completa. Por consiguiente, establece tu intención de relajarte sin estar pensando en tus anhelos, y cuando lo hagas correctamente, el tiempo se convertirá en unos veinte minutos muy pacíficos, relajantes y vigorizantes.

Control del pensamiento

Pensar es una forma de acción interna, una visualización de las consecuencias. Mediante el pensamiento nos distinguimos de los animales, quienes sólo actúan en base al instinto. Sin embargo, la mente es un espejo imperfecto, y cada pensamiento lleva una clase de carga capaz de provocar una respuesta de estrés antes de que se pueda hacer una decisión racional. En la relajación, esto es un problema debido a que la carga mental es tan potente como lo es cualquier estímulo externo; lo que sólo aquéllos que padecen ansiedad conocen muy bien.

Con el fin de relajarte de manera eficaz, es decir, para reducir la respuesta de estrés a su mínimo durante un tiempo considerable, el pensamiento tiene que ponerse en espera, tienes que detener el diálogo interno.

En la mente hay entidades preconscientes que flotan alrededor, jalándote hacia el autodiálogo. Reconocer estas identidades y evitar sus tentaciones es una habilidad a la que se llega sólo con la práctica; así que debes practicar esta habilidad cada vez que te relajes.

Perseverancia

Esto puede parecer fácil al comenzar a hacerlo, pero los beneficios de estos ejercicios en su mayoría se lograrán a largo plazo. Otro beneficio adicional a notar, además de una mejoría en tu habilidad para dormir de noche (o tomar una siesta durante el día), puede requerir muchas sesiones, hasta que te hayas vuelto más fuerte física y mentalmente. Es importante perseverar —sólo son 20 minutos— todos los días.

Meditación

La meditación es el punto central de la forma de vida hindú, y también es una parte integral de las otras grandes religiones orientales, el Budismo y su pariente más cercano, el Zen. También tiene su lugar en el Sufismo, el Cristianismo y el Judaísmo. (Se dice que la meditación no requiere adherirse a cualquiera de las creencias y religiones que abogan por ella).

Muchas personas ven la meditación como un método para obtener paz, pero ineficaz para autocentrarse. Están equivocados; los beneficios que se pueden obtener de la meditación en cualquiera de sus diversas formas son muchos. Aquéllos que meditan en forma regular creen que conduce a una disminución de la tensión mental y de las emociones negativas, mientras que al mismo tiempo incrementa la eficiencia en el trabajo y profundiza la sensación de calma interior. Este sentimiento de bienestar trae beneficios físicos: la meditación hecha en forma regular elimina o reduce el estrés, puede aliviar la migraña y los dolores de cabeza por tensión, reduce la presión sanguínea, beneficia al corazón, y reduce la agonía de los dolores menstruales.

En su forma más simple, la meditación no es más que permitir que la mente se aquiete mediante una sensación simple repetitiva: las olas rompiendo en la playa, el sonido del agua en una fuente, repetir una palabra o un sonido una y otra vez, incluso algo tan material como el sonido de una máquina; todo esto y muchas otras cosas más, pueden usarse como el objeto en que la mente se enfoca tan fuertemente que los problemas y las ansiedades se desechan. En su aspecto místico más refinado, es un medio de autorrealización total, para ser totalmente uno con el universo.

La meditación tampoco es un proceso que consume mucho tiempo —20 minutos al día es todo lo que se necesita— ni es, como muchos sospechan, una forma de autohipnosis. Cuando se practica de manera apropiada, es un viaje de mejoramiento de la vida durante el cual las ideas y las opiniones preconcebidas se debilitan, los sentidos y el intelecto se refinan y la habilidad para concentrarse se incrementa.

Una técnica de meditación simple

Siéntate en una silla cómoda, con tus pies asentados en el piso, tus piernas y tus brazos sin cruzar. (Esto también se puede hacer acostado, pero podrías quedarte dormido). Descansa tus manos en tus muslos, con las palmas hacia abajo. Cierra tus ojos para que tu mente no sea distraída por lo que ocurre a tu alrededor.

Dirige la concentración de tu conciencia a un lugar ubicado a 20 centímetros directamente arriba del centro de la parte alta de tu cabeza. Aquí está un lugar en la conciencia que siempre está calmado y radiante, no importa lo que esté ocurriendo en cualquier lugar de tu cuerpo y de tu mente, o a tu alrededor. Se le llama el "espacio superior". Piensa en un punto de luz blanca, cristalina y pura que está ahí. No "trates" de visualizarlo. Si lo ves, está bien, pero si no, no importa. Conforme piensas en el punto de luz blanca, éste se vuelve más brillante, expandiéndose hasta ser una pequeña estrella de 10 centímetros de diámetro.

Piensa y haz que la estrella queme los velos que la han mantenido oculta todos estos años. Ordénale a la estrella que se abra, liberando una cascada de energía de vida purificante y depurante. Esta energía es clara como el cristal, como el agua fresca de un manantial.

Deja que la energía fluya a través de tu cabello y tu cráneo, al interior de los huesos de tu cabeza y de tu cara y dentro de tu cerebro, ojos, oídos, nariz, boca, y hacia abajo del cuello, por los hombros, brazos y manos. Siéntela fluyendo a través de tu pecho y espalda, tu abdomen, caderas, pelvis, muslos, rodillas, piernas, tobillos y pies. Piensa y haz que las plantas de tus pies se abran, liberando la energía dentro de la tierra debajo de los mismos. Ahora se encuentra fluyendo a través de todo tu cuerpo.

Piensa que la base de tus pies se cierra, para que la energía comience a refluir hacia arriba a través de las áreas que has purificado. Siéntela en tus piernas, caderas, torso, hombros, brazos, manos, cuello y cabeza. Deja que fluya hacia afuera de la parte superior de tu cabeza, rodeando tu cuerpo con una aura de luz blanca, pura y cristalina.

Junta tus manos, casi tocándose pero sin hacerlo, con las palmas una frente a la otra, enfrente de tu cuerpo. Siente la energía fluyendo por tus manos. Puedes usar esta energía para curar a otros al colocar tus manos iluminadas sobre la cabeza, el corazón o cualquier área que moleste a la persona. Cualquier cosa que toques con tus manos iluminadas de esta forma, será llenada con esta energía interna de luz y fuego.

Si experimentaras alguna incomodidad en cualquier parte de tu cuerpo mientras te encuentras trabajando con esta luz interior, piensa en el aspecto del "fuego consumidor" de la energía. Manten la concentración de éste en el área de la incomodidad para quemar las obstrucciones al flujo de tu energía pura. Después de eso, tómate unos pocos minutos para asimilar la esencia radiante de la luz en cualquier área que hayas purificado con el aspecto del fuego que consume.

Además de tu concentración de la energía durante la meditación, tal como se describe arriba, puedes trabajar con esta cascada en cualquier ocasión y lugar que desees, de día o de noche, con tus ojos abiertos o cerrados, según sea apropiado para esa ocasión. Puedes usarla como una regadera interior mientras te metes en la otra regadera exterior por las mañanas. Cada vez que piensas en la estrella y la cascada de luz blanca, ésta continúa alrededor de 30 minutos. Así que, literalmente, puedes llenar tu día con la luz interior. También constituye una forma grandiosa para irse a dormir por la noche. Para la reducción del estrés es mejor practicar la técnica al menos unos cuantos minutos cada día.

Masaje

Nos damos masaje a nosotros mismos casi todos los días; la reacción natural de alcanzar y tocar una parte adolorida del cuerpo —como una torcedura— constituye la base del masaje.

Los poderes de relajación y curación del masaje se han documentado muy bien durante los últimos 5,000 años. El valor terapéutico de aplicar aceites y frotar algunas partes del cuerpo para disminuir el dolor y prevenir las enfermedades, fue reconocido entre las civilizaciones antiguas del Mediterráneo. En el oriente era normal visitar a tu médico cuando estabas saludable, y el arte de la medicina preventiva fue ampliamente establecido. En la antigüedad, las esencias de aceites casi siempre se usaban para dar masajes, creando una forma antigua de masaje en la aromaterapia. Recientemente, han ganado popularidad la reflexología, el shiatsu y el masaje sueco. Los objetivos de estas diferentes técnicas son en esencia los mismos, aliviar la tensión muscular, aliviar la fatiga y revivir la energía.

El masaje afecta a todo el cuerpo mediante la presión aplicada rítmicamente, y al frotar y jalar. Estos movimientos incrementan la circulación sanguínea y causan que los vasos de la sangre se dilaten. La estimulación de los nervios y la circulación sanguínea también afecta a los órganos internos. La linfa es un líquido blanco, lechoso, que se lleva las sustancias de desperdicio y las toxinas de los tejidos, a través del sistema linfático. La circulación de la linfa depende en gran medida de las contracciones musculares, así que el masaje ayudará a acelerar el avance de la linfa a través del sistema.

La inactividad puede causar una acumulación insalubre de la sustancia. No obstante, la gente activa también puede beneficiarse del masaje, la actividad extenuante agota el músculo, produciendo un incremento de los productos de desperdicio en el tejido muscular.

El masaje ayudará a equilibrar el sistema en ambos casos y puede incrementar la cantidad de oxígeno de un 10 a un 15%.

Los estilos de vida inactivos y las ocupaciones sedentarias han originado una sociedad de personas con posturas descuidadas, torcidas y encorvadas. Al realinear nuestros cuerpos, el masaje puede ayudar a reparar los daños por posturas deficientes. El masaje no sólo ayuda a lograr que la espina y la fisiología correspondiente regresen a su posición, sino que además nos hace más conscientes de nuestros cuerpos. Al aliviarse la tensión de los músculos el cuerpo se siente más ligero y, por consiguiente, puede ser conducido con más naturalidad y con más tranquilidad. Si se usa en conjunto con terapias de posturas como la Técnica Alexander (ver esta sección en páginas subsecuentes), el masaje es una contribución valiosa hacia una postura relajada y controlada.

Muchos de los beneficios del masaje provienen del contacto entre el terapista y el paciente. Nuestras manos son una de las partes más sensibles de nuestro cuerpo, todos experimentamos gran parte de nuestro sentido del tacto a través de nuestras manos. Se cree que las personas que usan sus manos para curar, con frecuencia ayudan a la gente a través de ellas sin siquiera tocar el cuerpo.

Existe un cierto elemento de esto en las técnicas de masaje. El masajista está comunicando sensaciones de armonía y relajación a través de sus manos, permitiendo que una fuerza benigna fluya dentro del cliente. Por consiguiente, muchos practicantes creen que es importante que el masajista esté en un estado mental positivo.

Un masajista experimentado será capaz de dar un diagnóstico al paciente luego de tocarlo. Puede "escuchar" la tensión y el estrés a través de la textura de la piel, los músculos con nudos y las articulaciones rígidas. Las torceduras, las congestiones sanguíneas, y las hinchazones antiguas y recientes, serán muy obvias para un buen masajista. Las acciones del masaje —frotar, sobar y jalar— eliminan del cuerpo estos malestares, mejorando la circulación y el drenaje linfático. Luego de que estas tensiones y debilidades han sido bien identificadas y aliviadas, el paciente queda sintiéndose relajado y energetizado.

Además del elemento curativo del masaje, existen grandes beneficios psicológicos —como son el gozo de ser tocado, frotado y acariciado por otra persona.

Durante el masaje, el paciente es traído desde el estrés emocional y ocupacional a la arena intensa del aquí y del ahora. Esta comunicación no verbal de persona a persona, es un elemento importante en nuestra vidas estresadas en exceso.

Masaje — Técnicas básicas

El masaje se debe efectuar en un cuarto confortable y cómodo. Usa una mesa algo angosta o el piso. Necesitarás una toalla y una botella de aceite; el aceite vegetal servirá, pero si deseas puedes comprar un aceite para masaje perfumado, en una farmacia o una tienda de salud, o elaborar uno propio usando una mezcla de aceites para aromaterapia.

Frotar

El movimiento del frotamiento es lento y rítmico, usando toda la mano hacia arriba en dirección al corazón. El frotamiento deslizante y suave se usa cuando se trabaja alejándose del corazón. Cuando se aplica de manera suave tiene un efecto relajante en el sistema nervioso, mientras que una presión más fuerte tiene un mayor efecto en la circulación de la sangre y el sistema nervioso.

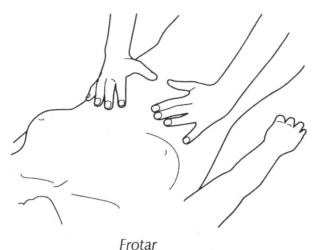

Frotar

Sobar

Sobar es ideal para desanudar músculos tensos o adoloridos, en particular el músculo trapecio entre el cuello y los hombros. Ambas manos deben trabajar juntas en una secuencia rítmica, tomando de manera alternada el músculo tenso y comprimiéndolo con suavidad. Sobar tiene el alcance suficiente para estimular la linfa y remover la acumulación de ácido láctico.

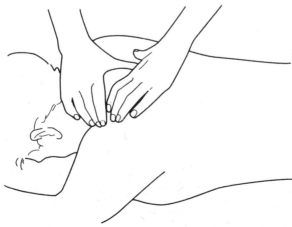

Sobar

Friccionar

La fricción se usa para penetrar en el tejido profundo del músculo. La parte posterior de la mano, las puntas de los dedos o el pulgar pueden usarse en un movimiento lineal o circular. La presión con el pulgar es especialmente eficaz para deshacer músculos hechos nudo.

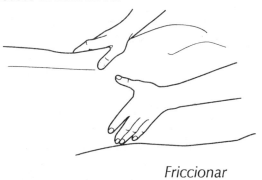

Friccionar

Masaje del cuello y los hombros

Lo que sigue a continuación es una secuencia simple que puede ser usada para aliviar los dolores de cabeza, aflojar los músculos de los hombros y proporcionar una sensación general de relajamiento.

Cuello y hombros — A

Párate detrás del paciente sentado. Comienza con el frotamiento, aplicando una presión firme con ambas manos. Comienza en la parte inferior de los omóplatos, yendo hacia arriba a ambos lados de la espina, hasta la base del cuello. Mueve tus manos por separado a través de toda la parte alta de los hombros, y luego bájalas suavemente a la posición inicial. Repite esto varias veces, finalizando con un frote suave de regreso.

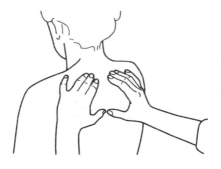

Cuello y hombros — A

Cuello y hombros — B

Párate en ángulo recto al lado de tu paciente. Localiza los puntos de tensión en los hombros usando los pulgares, luego trabaja esas áreas con los pulgares. La presión puede acercarse al umbral de dolor de tu paciente pero nunca excederlo.

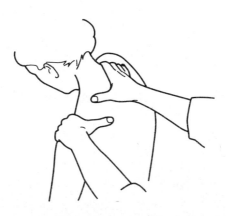

Cuello y hombros — B

Cuello y hombros — C

Coloca tu mano izquierda en forma de "L" sobre el hombro de tu paciente. Aplicando una presión firme, muévela con lentitud por toda la extensión del hombro. Repite con la otra mano. Continúa repitiendo la secuencia usando las manos en forma alternada. Coloca una mano en la base de la parte posterior del cuello, y muévela suavemente hacia el límite del cabello, apretando al mismo tiempo suavemente. Regresa con un frote suave. Repite esto varias veces. Sin quitar tus manos, camina hasta el otro hombro y repite B y C. Muévete detrás de tu paciente y repite A varias veces.

Cuello y hombros — C

Masaje de espalda

El siguiente masaje de espalda ayuda a relajar todo el cuerpo. Los frotamientos deben hacerse con suavidad, sin levantar las manos de la espalda. Si se aplica la presión del pulgar a los canales a ambos lados de la espina en la parte superior de la espalda, esto ayudará en los problemas respiratorios. El mismo frote en la parte inferior de la espalda puede aliviar el estreñimiento y las incomodidades menstruales.

Espalda — A

Coloca tus manos, una enfrente de la otra, a ambos lados de la base de la espina. Muévelas hacia arriba de la espalda, usando el peso de tu cuerpo para aplicar presión. Alrededor de los hombros mueve tus manos y regrésalas suavemente hacia abajo por los lados del cuerpo. Repite varias veces antes de comenzar a frotar los hombros. Trabaja en un hombro y luego en el otro. Repite el movimiento.

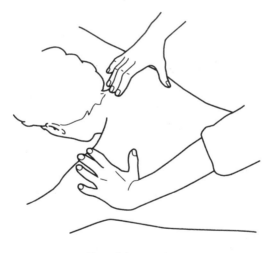

Espalda — A

Espalda — B

Coloca tus manos al nivel de la cadera, con tus pulgares en las concavidades a ambos lados de la espina, y con los dedos abiertos y relajados. Presiona tus pulgares con firmeza, yendo hacia arriba por los canales unos seis centímetros, relájalos, entonces muévelos de regreso unos dos centímetros.

Continúa de esta manera hasta el cuello. Luego, desliza con suavidad ambas manos de regreso a la base de la espina. Repite otra vez. Continúa con la secuencia A.

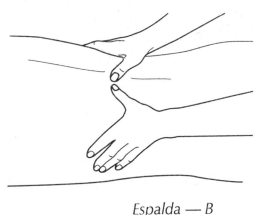

Espalda — B

Espalda — C

Coloca tu mano abierta atravesada en un lado de la espalda de tu paciente, en la base de la espina. Aplica con firmeza presión con la palma y trabaja hacia arriba hasta los hombros. Continúa con tu otra mano. Repite usando las manos en forma alternada. Trabaja en el otro lado de la espalda usando la misma secuencia, luego repite en ambos lados varias veces. Termina trabajando con A.

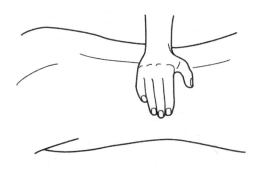

Espalda — C

Espalda — D

Coloca tus manos mirando hacia arriba de la espalda, a ambos lados de la espina. Aplicando con firmeza presión con la palma, trabaja desde la base de la espina hasta el nivel del pecho. Voltea tus dedos hacia afuera y mueve tus manos por separado hacia los lados del cuerpo. Repite este frote al nivel de la cintura y las caderas. Repite varias veces el primer movimiento en A.

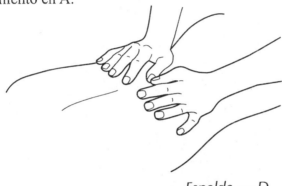

Espalda — D

Masaje en piernas, pies y brazos

Extremidades — A

Comienza en el tobillo y frota verticalmente hacia arriba de la pierna con una mano. Sigue el mismo camino con tu otra mano. Continúa esta secuencia, usando las manos de manera alternada.

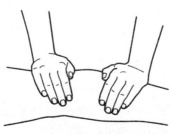

Extremidades — A

Extremidades — B

Eleva el pie de tu paciente y sosténlo con la rodilla en ángulo recto. Usando la palma de tu mano libre, frota con firmeza atrás de la pierna, hacia abajo desde el tobillo hasta el nivel de la rodilla. Frota con suavidad al regresar al tobillo. Repite todo el movimiento varias veces. Si se incluye el pie, trabaja con la secuencia D y E antes de repetir toda la secuencia (A a B) en la otra pierna.

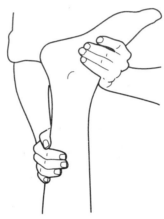

Extremidades — B

Extremidades — C

Ayuda a tu paciente a voltearse, y comienza a frotar alternando las manos, hacia arriba de toda la pierna, como en A. Luego, coloca tus manos a ambos lados de la rodilla y, usando tus pulgares, aplica presión en círculos alrededor de la punta de la rodilla. Si se incluye el pie, lleva tus manos hacia abajo hasta el tobillo y usa el masaje del "sandwich" (D) en el frente del pie. Trabaja en la otra pierna con todos los movimientos.

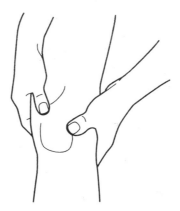

Extremidades — C

Extremidades — D

Con tu paciente acostado boca abajo, toma un pie entre tus manos, de manera que la palma de tu mano superior esté descansando en el arco.

Presiona firmemente, y con lentitud jala tus manos hacia la punta del pie. Usa una gran presión para este masaje tipo "sandwich".

Extremidades — D

Extremidades — E

Sostén el pie con tus pulgares colocados en éste, uno al lado del otro, debajo de los dedos. Jala ambos pulgares hacia los lados y luego empújalos hacia adelante. Repite este movimiento en zigzag según vayas descendiendo lentamente hacia el talón. Luego, vuelve a empujar con firmeza por todo el recorrido de regreso hacia los dedos, manteniendo tus pulgares juntos. Repite todo el movimiento varias veces. Trabaja con toda la secuencia (D a E) en el otro pie.

Extremidades — E

Extremidades — F

Sostén la mano de tu paciente como se acostumbra en un fuerte apretón de manos, y alza el brazo ligeramente a la altura del codo. Con suavidad, coloca la palma de tu mano libre atravesada en la parte alta de la muñeca y cierra tus dedos alrededor del brazo levantado. Aplica una presión firme y desliza tu mano hasta el codo, o bien, hasta el hombro. Mueve tu palma abajo del brazo y usa un frote ligero para regresar a la muñeca. Repite varias veces.

Extremidades — F

Extremidades — G

Coloca tus pulgares a través de la parte interior de la muñeca de tu paciente. Aplica presión con ambos pulgares, efectúa círculos amplios alrededor del área de la muñeca. Repite la secuencia F. Cuando hayas terminado, relaja tu agarre en la muñeca y jala con firmeza pero suavemente en un frote de sandwich, como en D. Repite la secuencia completa (de la F a la G) en el otro brazo, terminando con la variación de la mano de la secuencia D.

Extremidades — G

Masaje para la cara y la cabeza

La siguiente secuencia facilita la relajación profunda. Un frotamiento suave de la frente (B) puede aliviar la tensión relacionada con el estrés y los dolores de cabeza, mientras que la presión aplicada a los lados de la nariz y los pómulos (C) alivia la congestión nasal y los problemas de los senos nasales. El masaje del cráneo estimula la circulación.

Cara y cabeza — A

Usa las manos alternadamente para frotar hacia arriba un lado de la cara, empezando debajo del mentón y avanzando gradualmente hacia la frente. Efectúa el mismo movimiento en el otro lado de la cara. Repite varias veces. Finaliza colocando una palma atravesada en la frente de tu paciente, y listo para el siguiente masaje.

Cara y cabeza — A

Cara y cabeza — B

Empieza frotando la frente con las palmas en forma alternada. Luego coloca las yemas de los tres dedos medios de ambas manos, en el centro de la frente, entre los ojos. Bájalas suavemente a través de las cejas y alrededor de la orilla exterior de los ojos. Levanta dos dedos medios y usa tus dedos índices sólo para regresar debajo de los ojos y dirigirte hacia la nariz.

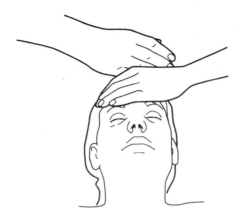

Cara y cabeza — B

Cara y cabeza — C

Pon tus pulgares en la frente de tu paciente. Usando los tres dedos medios de ambas manos, presiona firmemente en contra de los lados de la nariz. Continúa a lo largo de la parte superior de los pómulos, hasta que alcances las sienes. Con tus pulgares en su posición original, regresa a la nariz, presionando a lo largo de la mitad de los pómulos.

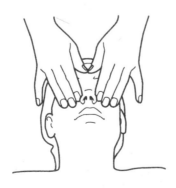

Cara y cabeza — C

Cara y cabeza — D

Distribuye y coloca los pulgares y los demás dedos de ambas manos sobre el cráneo de tu paciente. Manténlos en esa posición y comienza a mover el músculo del cráneo encima del hueso, aplicando una presión ligera, haciendo círculos de manera firme pero suave en el área. Ocasionalmente, detente para moverte a un área diferente, luego inicia otra vez, trabajando de manera gradual por todo el cráneo.

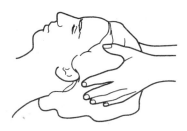

Cara y cabeza — D

Yoga

El Yoga es una técnica de autoconciencia que ha sido practicada en el Oriente como una disciplina física, psicológica y filosófica durante los últimos 5,000 años. La palabra "Yoga" se deriva del sánscrito *yuk*, que significa "ligar en unión", y el objetivo del Yoga es integrar la mente y el cuerpo para entrar en comunión con el proceso universal de ser.

El Yoga no es una religión y no requiere adherirse a algún dogma en particular; básicamente, es una técnica para el desarrollo personal, permitiendo a las personas explorar y satisfacer sus necesidades físicas y espirituales. Durante los últimos veinticinco años del siglo XX, el Yoga ha crecido en popularidad en Occidente y su eficacia para aliviar el estrés se ha reconocido ampliamente dentro de la profesión médica. Practicado de manera regular, produce claridad mental, estabilidad emocional, relajación profunda y conciencia corporal.

Una de las formas más populares de Yoga, el Hatha Yoga, enseña técnicas para el control físico del cuerpo mediante ciertas posturas físicas llamadas *asanas* y mediante técnicas de respiración llamadas *pranayama*. Las asanas hacen al cuerpo flexible y benefician el sistema neuromuscular, cada postura combina la agudeza mental con técnicas de respiración y con un movimiento específico del cuerpo.

El pranayama relaja el cuerpo y tranquiliza la mente, incrementa la circulación y estimula el abastecimiento de sangre a todas las partes del cuerpo. La respiración debe hacerse a través de la nariz, y es importante nunca sostener la respiración. Se ejecuta un movimiento durante una exhalación, con una inhalación profunda justo antes de éste.

Seguir una secuencia básica de asanas es una excelente forma de crear las bases de una buena salud y una mente clara. Concentrarse en ciertas posiciones puede ayudar en ciertos problemas en particular; sin embargo, es importante seguir una secuencia ordenada de asanas. No puedes escoger algunas y esperar que serán beneficiosas por sí solas. Ellas deben trabajarse juntas, pues la tensión en alguna posición se complementa por el estiramiento contrario en otra.

Para usar el yoga a su potencial real, es importante practicar al menos tres veces por semana. Un número inferior de veces sería negarle al sistema la oportunidad de sanar tu cuerpo o causar un efecto en él. Por lo mismo, es vital realizar siempre las sesiones de relajación que inician y terminan cada sesión de yoga. El yoga es una forma excelente de combatir la tensión, y de mantenernos animados física y mentalmente; estas sesiones de relajación son un componente vital de cada sesión de yoga, y están diseñadas para complementar las asanas principales.

La siguiente secuencia de asanas te proporcionará alguna idea de los movimientos involucrados. No obstante, es vital aprender los movimientos adecuados y los patrones de respiración de un maestro de yoga entrenado.

Antes de que empieces:

- Establece un horario conveniente y regular para practicar.
- Es importante no tener el estómago lleno.
- Usa ropa cómoda y floja.
- Usa una cobija o tapete suave que esté limpio. Que sea lo suficientemente grueso y grande para proteger tu espina y contener el largo de tu cuerpo.
- Lleva a cabo cada ejercicio de manera lenta, cuidadosa y atenta. Debe evitarse el uso de la fuerza y la tensión extremas.

Posiciones de yoga

El gato

Colócate de rodillas con tus cuatro extremidades sobre el piso, tus manos separadas a la misma distancia que tus hombros, y tus rodillas separadas a la misma distancia que tus manos. Tus codos deben permanecer rectos en todo el ejercicio. Exhala mientras arqueas tu espalda hacia arriba. Manten tu cabeza entre tus brazos, mirando a tu abdomen. Manten esta posición durante unos cuantos segundos. Inhala, mientras hundes lentamente tu espalda a una posición cóncava. Levanta tu cabeza y mira. Espera de nuevo unos momentos. Repite la secuencia de cinco a diez veces, produciendo un movimiento de flujo lento entre las dos posturas. Relájate.

La posición del gato ayuda al fortalecimiento de la espina, mejora la postura y revitaliza todo el cuerpo.

El árbol

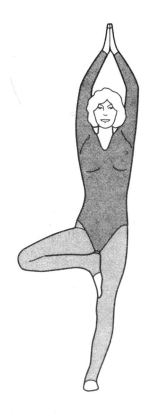

Permanece de pie con los dos pies juntos, los brazos sueltos a los lados. Concentra tus ojos en un punto imaginario directamente enfrente de ti. Alza el pie derecho y coloca la planta contra la parte interior de la pierna izquierda, tan alto como sea posible. Cuando estés en equilibrio, eleva ambos brazos al mismo tiempo, colocando las palmas juntas sobre tu cabeza. Manténlas así durante 30 segundos. Baja suavemente tus brazos. Quita tu pie de tu muslo. Repite la secuencia con el otro pie. Relájate.

El árbol promueve la concentración, el equilibrio y la estabilidad del cuerpo y la mente.

El triángulo

Permanece parado con tus pies separados menos de un metro de distancia. Inhala y eleva tus brazos a los lados hasta el nivel de los hombros. Voltea tu pie izquierdo noventa grados a la izquierda y tu pie derecho cuarenta y cinco grados a la izquierda. Exhala y dobla el cuerpo desde la cintura para tocar el pie izquierdo con la mano izquierda. El brazo derecho señala hacia arriba, formando una línea recta con el brazo izquierdo. Voltea la cara hacia la mano levantada. Espera diez segundos. Inhala y regresa a una posición erecta. Voltea tu pie a la derecha de la misma manera y lleva a cabo el ejercicio por el lado derecho.

Haciéndolo de manera lenta, suave y cuidadosa. Relájate.

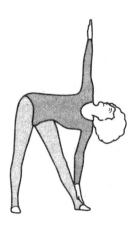

El triángulo ayuda a calmar los nervios, actúa para remover toxinas del cuerpo y promueve la buena salud en general.

El giro simple

Siéntate con las piernas estiradas. Encoge la pierna derecha hacia el torso. Cruza la pierna derecha sobre la pierna izquierda en el piso, cerca de la rodilla izquierda. Inhala. Gira la parte superior del cuerpo hacia la derecha, colocando ambas manos sobre el piso, en el lado derecho del cuerpo. Mira sobre el hombro derecho y exhala. Espera al menos diez segundos. Inhala conforme te mueves lentamente deshaciendo la postura, y repite por el otro lado.

Esta es una postura ligera que es fácil de llevar a cabo. Relájate.

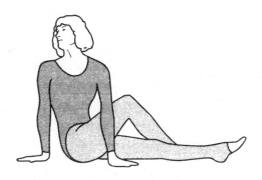

El giro simple ayuda a fortalecer la espina, a mejorar la postura y a promover el equilibrio psicológico y la confianza en uno mismo.

La cobra

Acuéstate boca abajo. Coloca las palmas en el piso bajo los hombros, los dedos volteados ligeramente hacia adentro. Lentamente levanta la frente, la nariz, la barbilla y toda la parte superior del cuerpo, hasta el ombligo. El peso descansa en ambas manos, la pelvis y las piernas. Manten los codos ligeramente doblados, y no permitas que los hombros se encorven hacia los oídos. Espera por diez segundos, concentrando tu atención en la parte baja de la espalda.

Muy lentamente descienda el tronco hacia el piso, luego el mentón, la nariz y la frente. Relájate.

La cobra aumenta el abastecimiento de sangre a los órganos abdominales, ayuda contra los problemas digestivos y corrige los del hígado.

El arado

Acostado boca arriba, con los brazos a los lados y las palmas hacia abajo. Levanta lentamente tus piernas y el tronco del suelo. Soportando tus caderas con ambas manos, lleva tus piernas lentamente sobre tu cabeza. Manten tus piernas tan derechas como sea posible. Soporta tu espalda con ambas manos y continúa levantando tus piernas sobre tu cabeza, hasta que los dedos lleguen a descansar en el piso detrás de ésta. Sólo cuando estés totalmente cómodo en la posición, suelta el sostén de tu espalda y coloca tus brazos extendidos sobre el piso.

Al principio espera sólo diez segundos. Después de que tu cuerpo se ha acostumbrado a esta posición, puedes hacerla por más tiempo.

Regresa tu cuerpo muy lentamente hasta la posición inicial. Relájate.

El arado ayuda a revigorizar todo el sistema nervioso, eliminado la fatiga, la apatía y el agotamiento. En particular beneficia al páncreas y a las glándulas endocrinas.

La inclinación hacia adelante

Asegúrate de que has tenido suficiente calentamiento antes de iniciar esta posición. Siéntate con tus piernas estiradas hacia el frente, con las rodillas muy rectas. Inhala y estira tus brazos por encima de tu cabeza. Exhala, y muy lenta y suavemente inclínate hacia adelante desde las caderas (*no desde la*

La inclinación hacia adelante disminuye la frecuencia respiratoria produciendo un estado mental tranquilo y relajado. También incrementa la elasticidad de la espina y mejora la circulación sanguínea; esto ayuda a regenerar los órganos abdominales y a mejorar la digestión.

cintura) para agarrar tus dedos de los pies. Si al principio parece difícil, agarra primero tus tobillos, tus espinillas o las rodillas. Es importante que tus piernas permanezcan derechas. Continúa doblándote hacia adelante y hacia abajo, intentando tocar tus rodillas con tu cabeza.

Espera al menos diez segundos y observa tu respiración. Suelta el agarre y muy lentamente endereza tu espina, regresando a la posición sentada. Repite dos veces.

Saludo al Sol

Este clásico ejercicio coordina la respiración con las variaciones de seis posiciones de yoga, en un ritmo fluido que estira y relaja tu cuerpo y tu mente.

Comienza mirando al este, parado tan recto como puedas, sin forzarte, con tus pies juntos. Inhala y visualiza el sol justo al inicio del amanecer. Exhala y lleva las palmas de las manos a tu pecho como si estuvieras orando.

Inhala de nuevo, mientras estiras tus brazos sobre la cabeza, empujando un poco la pelvis hacia adelante y mirando tus manos.

Espira, doblándote lentamente desde tu cintura hasta que tus manos (lo cual sería ideal), toquen el piso enfrente o a un lado de tus pies. (No forces el hacer esto; si no puedes alcanzar el piso, deja que tus manos agarren la parte más baja de tus piernas que puedan alcanzar).

Inspira y abalánzate hacia adelante doblando tu rodilla izquierda hasta un ángulo recto, dirigiendo el pie izquierdo hacia atrás. Dobla los dedos de los pies y endereza todo tu cuerpo desde la cabeza hasta el talón.

Sosteniendo la respiración, mueve el pie izquierdo hacia atrás, con los dedos del pie doblados, hasta que te encuentres en la clásica posición de las planchas o lagartijas.

Ahora exhala y deja caer tus rodillas hasta el piso, con las asentaderas hacia arriba. Dobla los codos y mueve tu pecho y barbilla hasta el suelo. Continúa espirando y bajando todo el cuerpo hasta el piso, enderezando tus piernas y manteniendo los dedos de los pies doblados.

Inhala, empujando con tus manos y levantando lentamente tu cabeza conforme enderezas los codos. Arquea tu espalda hacia arriba como una serpiente antes de atacar.

Espira, y elevando las asentaderas en el aire tan alto como puedas y bajando la cabeza, forma una pirámide.

Inspira y abalánzate hacia adelante doblando tu rodilla derecha y dando un paso hacia adelante con tu pie derecho, colocado entre tus manos.

Cuando exhales, endereza tu pierna derecha y lleva el pie izquierdo junto al derecho. Eleva alto tus asentaderas hasta que toques los dedos de los pies.

Inhala y levanta lentamente la espina, visualizando que se endereza una vértebra a la vez. Eleva tu cabeza y mira, llevando tus brazos directamente sobre la cabeza y trayendo de nuevo a la mente la imagen del sol naciente.

Exhala y lentamente lleva tus brazos de regreso a los lados del cuerpo, permitiendo que el sol resplandezca cada vez con mayor brillantez para el ojo de tu mente.

Al principio, saluda al sol seis veces, gradualmente incrementa el número de repeticiones hasta que estés cómodo haciendo la rutina 24 veces.

La medicina china tradicional

Hace aproximadamente 2,500 años, en lo profundo de las montañas del norte de China, los sacerdotes taoístas practicaban el Qi gong —un movimiento meditativo que revelaba y cultivaba la fuerza vital de la vida. Ellos creían que esta fuerza Qi (pronunciada como "chi" en China, y "ki" en Japón), era inseparable de la vida misma. Descubrieron que el Qi animaba no sólo al cuerpo y a la tierra, sino que era la fuerza energética de todo el universo. La medicina tradicional china es una filosofía de la preservación de la salud, y está basada en primer lugar en una comprensión del poder del Qi. En contraste con gran parte de la medicina occidental, la medicina china tradicional es una práctica preventiva, reforzando el sistema inmune para detener la enfermedad.

En la medicina tradicional china, el Qi se manifiesta como *yin* (frío, oscuro e "interior"), y *yang* (cálido, luminoso y "exterior"). De hecho, el Qi está presente en todos los opuestos que experimentamos, como la noche y el día, lo caliente y lo frío, el crecimiento y la decadencia. Y aunque el yin y el yang pueden percibirse como opuestos, en realidad, son inseparables. El conocimiento de uno es esencial para el conocimiento del otro. El equilibrio entre ellos es como el movimiento de la noche y el día; en el instante en que la oscuridad alcanza su cenit a la media noche, el ciclo ha comenzado a fluir firmemente hacia el amanecer. Al mediodía, al cenit de la luz, el día principia lentamente a cambiar hacia la oscuridad de la noche. Todos los órganos internos del cuerpo están sujetos a este balanceo entre lo nocturno y lo diurno del universo.

Esta visión del mundo también sostiene que el Qi, manifestándose como el yin y yang, crea el universo en la forma de cinco elementos: madera, fuego, tierra, metal y agua. Estos cinco elementos también representan nuestra constitución corporal como seres humanos, haciéndonos uno con el universo. El Qi fluye en nuestros cuerpos, desde la tierra en su forma yin y hacia abajo de los cielos en su forma yang. Los canales de energía en nuestros cuerpos a través de los que se mueve, se llaman "meridianos".

Estos meridianos no corresponden directamente a cualquier componente anatómico conocido por la medicina occidental. La mejor forma de comprender el flujo del Qi a través de los meridianos es compararlo con el flujo de la sangre en nuestras venas y arterias. si nuestra sangre no alcanza los dedos de nuestros pies, estos morirán. Si nuestra sangre no fluye libremente, tenemos una presión sanguínea alta o baja. Si nuestra sangre se coagula, tenemos una embolia o una apoplejía. De manera similar, el Qi desequilibrado o estancado puede causar muchas enfermedades y dolencias. De hecho, la medicina china tradicional está basada en el principio de que toda enfermedad, dolencia y molestia en el cuerpo, se puede explicar desde el punto de vista de un desequilibrio del Qi.

Cada meridiano está relacionado con uno de los cinco elementos. Por ejemplo, el meridiano del corazón está relacionado con el elemento fuego, el riñón y la vejiga, con el agua.

A lo largo de los meridianos existen puntos de presión, o "puntos de acceso", lugares especiales donde el Qi se puede bloquear. Con la ayuda de un practicante entrenado, su flujo se puede liberar y el equilibrio se puede restaurar.

Entre todo el conocimiento del sistema de medicina china tradicional, existen muchos métodos de curación, todos dirigidos al equilibrio del Qi. Éstos incluyen acupuntura, shiatsu, Tai Chi Chuan y herbolaria.

Acupuntura

Ésta es una forma de la medicina tradicional china que utiliza la inserción delicada de agujas tan finas como el cabello en puntos específicos del cuerpo, con el fin de estimular el flujo del Qi de la persona, o la energía de curación natural.

Como hemos visto, de acuerdo a la medicina china antigua, el Qi fluye a través del cuerpo en canales llamados meridianos, y la enfermedad es el resultado de un desequilibrio del Qi.

La mayoría de las personas se sorprenden al saber que las agujas de la acupuntura son tan delgadas (en la aguja de una jeringa convencional pueden acomodarse de diez a quince agujas de acupuntura). Los acupunturistas pueden pueden llegar a tener un nivel elevado de destreza para colocar con delicadeza estas delgadas agujas dentro de la piel con un mínimo de incomodidad.

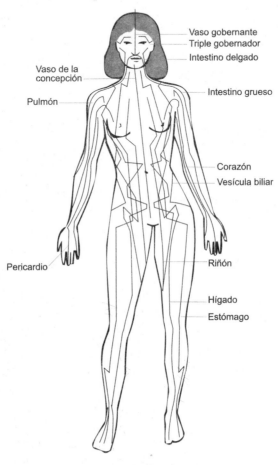

Los Meridianos

La acupuntura es excelente en aquellas áreas en las que la medicina convencional ofrece alivio limitado, como enfermedades crónicas, control del dolor y desórdenes relacionados con el estrés. Los tratamientos de acupuntura no utilizan drogas, evitando efectos secundarios o dependencia. Sin embargo, siempre se debe informar al practicante de todas las condiciones preexistentes, los nombres de todas las medicinas que se están tomando, si se está embarazada, si se tiene un marcapaso en el corazón o implantes de cirugía cosmética. Con esta información, tu acupunturista será capaz de evaluar tu situación específica para asegurar la mejor forma de tratamiento.

Shiatsu

El shiatsu es el arte de curación japonés, combinando los principios de la medicina tradicional china con prácticas similares a las de la acupuntura, pero llevadas a cabo sin agujas. El shiatsu es un equilibrio —una danza— entre el practicante y el receptor, en la que los poderes de curación de ambos logran en uno y en otro purificar y equilibrar la fuerza vital de la vida, conocida como Qi.

Shiatsu es un palabra japonesa: *shi* significa "dedo", y *atsu* significa "presión". Sin embargo, el shiatsu es más que acupresión. Es la combinación de muy diversas técnicas, incluyendo el uso de presiones, dobladuras, limpiezas, sacudidas, rotaciones, agarres, vibraciones, golpeteos, tirones, levantamientos, pellizcos, rodamientos, cepilladas, y en una variación —el shiatsu con pies descalzos— que incluye caminar en la espalda, piernas y pies de la persona.

No obstante, éstas son sólo las técnicas físicas. Con una conciencia de las implicaciones psicológicas y espirituales, el shiatsu se ha vuelto en realidad, un tipo de danza entre el que lo da y el que lo recibe. Desarrollándose una armonía única entre el practicante y el receptor, debido a que el shiatsu descansa en la experiencia simple pero poderosa de tocar para despertar los propios poderes de autocuración del paciente. Esta "comunicación táctil" entre el practicante y el paciente es fundamental en todos los métodos de curación.

No se necesitan agujas, cremas, máquinas, aparatos u otros artefactos para la experiencia de una sesión completa de shiatsu. El practicante usa delicadeza, fluidez y movimiento rítmico para trabajar con los desequilibrios en el Qi del paciente. De manera progresiva, luego de varias sesiones, el paciente puede aprender cómo ayudar en el equilibrio de su propio Qi.

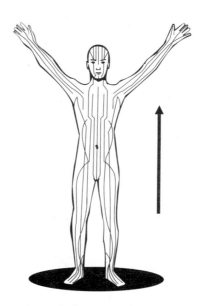

Flujo de los meridianos 1

Con el fin de aplicar una amplia variedad de técnicas, algunos practicantes de shiatsu usan una mesa de masajes, otros usan el piso.

Si se usa el piso, la persona se acuesta en una colchoneta, un tapete de ejercicios o un colchón hecho especialmente para el shiatsu.

Entonces, el practicante trabaja, arrodillándose, sentándose, arrastrándose y parándose cerca del paciente. Para e l shiatsu, el paciente permanece completamente vestido, con ropa holgada y cómoda. El cuerpo y/o los pies deben estar cubiertos con una sábana o una manta. El cuarto se mantiene a una temperatura agradable y una música suave de fondo

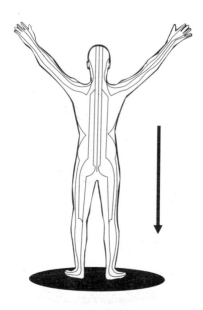

Flujo de los meridianos 2

puede ayudar a llevar a la persona a un estado de relación de la mente y el cuerpo.

El Qi fluye a través de las rutas de los meridianos por todas las partes del cuerpo. Existen más de 300 puntos de presión a lo largo de las rutas. La acupuntura requiere la inserción de una sola aguja para cada punto seleccionado. En el shiatsu, la aplicación en estas rutas meridianas de los dedos, manos, rodillas o codos del practicante, abarca simultáneamente varios de estos puntos críticos.

El diagnóstico continuo es parte del tratamiento. Es un sistema de apoyo: recíproco, interdependiente y cooperativo entre el que da y el que recibe. La energía y la conciencia de curación crean una sinergia tanto del practicante como del paciente. Mediante este dueto en movimiento, el uso de las dos manos del practicante —la mano madre y la mano mensajera— permiten el movimiento continuo. El paciente no experimenta ningún dolor, sino un cómodo sentimiento de compañerismo en el despertar de poderosas fuerzas de autocuración. La meditación mutua con base en respiraciones profundas, aclara la mente, permitiendo que el oxígeno fresco abastezca y rejuvenezca los órganos internos; de esta manera, una sensación profunda de conciencia personal se desarrolla y la curación se efectúa.

En la práctica del shiatsu, cada persona es básicamente responsable por su propia salud y bienestar. Esto contrasta con la creencia occidental de que el profesional médico es responsable por nuestra salud. En la medicina occidental, la conciencia de la importancia única del toque —la forma esencial de comunicación entre dos seres humanos en la lucha para dominar el dolor— casi ha desaparecido; y evidentemente se ha vuelto mínima. Irónicamente, en todas las épocas y todas las culturas, la importancia del toque (el solo toque en sí mismo), ha sido reconocida como un medio fundamental para

mitigar el dolor. En los recorridos apresurados de los doctores en los hospitales occidentales, verificando los informes
médicos, se ha ignorado en gran medida este hecho importante.

Procedimientos simples de shiatsu

Siéntate tranquilamente en el suelo sobre un cojín. Coloca
una mano encima de la otra sobre el ombligo. Aclara tu mente y concéntrate en respirar profundamente, enfocándote en
un punto de inicio a cuatro centímetros debajo del ombligo.
Este punto se conoce como "ki-kai" u "océano de energía".
Respira profundamente, quizá (para estar seguro de que tu
mente está limpia de la confusión diaria) podrías tararear suavemente conforme exhalas con lentitud. Estos sonidos tienen
un efecto sedante.

Luego de algunos minutos de respiración profunda, inclínate hacia adelante sobre tus manos conforme externas tus
vibraciones sonoras. Ahora inhala lentamente conforme enderezas suavemente la espina y regresas a sentarte a tu posición original. Repite cinco veces.

Ahora junta ambas manos para que se entrelacen en V entre el dedo índice y el pulgar. Estás tocando un punto muy
importante, el del intestino grueso número 4, llamado "go
kuku" ("montañas reunidas"). Presiona el pulgar, apoyándo-
te en la base del dedo índice. Manten la presión durante cinco
segundos, suelta por cinco segundos. Repite esto para aliviar
el dolor de cabeza, el dolor de muelas, los cólicos menstruales
o la gastritis.

Esta forma simple de autoshiatsu afecta los órganos internos. Puedes incrementar un efecto específico mediante tu concentración. Por ejemplo, cuando te estás inclinando hacia
adelante, concéntrate en tus riñones en el área lumbar, en tu
espalda baja. Esto fortalecerá tu Qi.

La Técnica de Alexander

La Técnica de Alexander es un método práctico y simple de aprender a concentrar la atención en cómo nos comportamos durante las actividades diarias. F.M. Alexander (1869-1955), un terapista australiano, demostró que las dificultades que experimentan muchas personas al aprender, en el control de las acciones y en el funcionamiento físico son causadas por los hábitos inconscientes. Estos hábitos interfieren con tu equilibrio natural y tu capacidad para aprender.

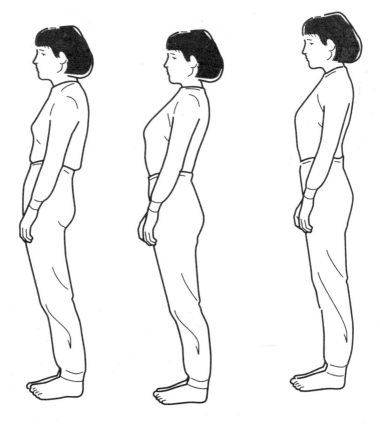

Mala postura   *Corrección excesiva*   *Postura correcta*

Cuando dejas de interferir con la coordinación innata del cuerpo, puedes realizar más actividades complejas con una mayor confianza en ti mismo y presencia de ánimo.

Esto tiene que ver con aprender a traer a nuestra conciencia las decisiones que hacemos, conforme las hacemos.

La transmisión de persona a persona y las instrucciones verbales amables revelan los principios subyacentes de la coordinación humana, permitiendo al estudiante experimentar y observar sus propios patrones de hábito, dándole los medios para liberarse y cambiar.

La mayoría de nosotros nos estamos creando blindajes inconscientes en relación con nuestro entorno. Ésta es una actividad difícil y a menudo nos deja sintiéndonos en un estado de ansiedad, enajenados, deprimidos, atontados, y despreciables. El blindaje es un comportamiento inconsciente profundo que ha funcionado probablemente desde la niñez, o incluso quizá desde la infancia temprana. No obstante, es un hábito que podemos desaprender en el presente mediante la observación cuidadosa de uno mismo. Podemos desaprender nuestro uso excesivo de tensión en nuestros pensamientos, movimientos y relaciones en general.

Un maestro de la Técnica Alexander guía a la persona, según se mueve, a usar menos tensión. El instructor trabaja supervisando la postura del estudiante y recordándole que implemente pequeños cambios en el movimiento para erradicar el hábito de una tensión excesiva. Los estudiantes aprenden a evitar estarse dando ánimos o a evitar tener colapsos personales. Según crece la conciencia, se vuelve más fácil reconocer y despojarse del hábito del blindaje, y disolver las barreras artificiales que ponemos entre nosotros mismos y otras personas.

Una analogía de este proceso se puede observar en el ya muy conocido Arte del Ojo Mágico tridimensional. Con nuestra forma ordinaria de ver los objetos, sólo vemos una masa de puntos. Cuando cambiamos a la forma de mirar del "Ojo Mágico", aparece un objeto tridimensional. Mediante la Técnica Alexander se consigue un tipo similar de experiencia. Sólo que los objetos tridimensionales que experimentamos somos nosotros mismos.

A pesar de que la Técnica Alexander no trata síntomas específicos, se puede promover un mejoramiento muy marcado en la salud general, la viveza mental y la realización de acciones, mediante la eliminación consciente de hábitos perjudiciales que ocasionan estrés emocional y físico, y mediante volverse más consciente de cómo se involucra uno en sus actividades.

Aromaterapia

En el pasado, el sentido humano del olfato era crucial para nuestra supervivencia —podíamos oler intrusos, sentir cuáles plantas eran venenosas y rastrear la caza mediante su olor. Obviamente, la necesidad de esta habilidad ha decrecido, y ahora estamos más inclinados a apreciar el olor de la última moda en perfumería, o sufrir el hedor de cigarrillos o puros. Sin embargo, todavía somos extremadamente susceptibles al olfato, tanto personal como del entorno. Todos tenemos nuestro propio y único aroma (feromonas), aparte del olor de nuestro cuerpo, y mientras nuestro reconocimiento puede ser subconsciente, es más efectivo en nuestras respuestas y en nuestro comportamiento de lo que nos percatamos. Nuestras emociones y nuestra armonía física pueden afectarse mediante nuestro sentido del olfato. El efecto placentero o implacentero de los aromas en la armonía de nuestros cuerpos está bien documentada, y se utiliza mediante el arte de la aromaterapia.

La aromaterapia utiliza aceites esenciales, que son extraídos de plantas y árboles aromáticos. Como una medicina integral, comparte los mismos principios que la acupuntura, la reflexología y la medicina herbolaria, sólo por nombrar algunas cuantas. Estas artes son complementarias y funcionan en base al principio de promover la serenidad mental y la salud corporal —tratando a la persona como una sola entidad.

La terapia funciona en base al principio de que la vida misma es totalmente intangible, que su esencia o su naturaleza íntima no puede ser vista, percibida por los sentidos o analizada. Cuando hablamos acerca de la vida, hablamos acerca de nuestras almas y emociones, así como de nuestra presencia psicológica y física. Los chinos le llaman Qi, y ésta representa la energía que nos propulsa a través de cada día de nuestras vidas y que también crea el mundo a nuestro alrededor. Esta fuerza está presente en cada planta y en cada árbol, y la aromaterapia tiene que ver con la extracción de esta "esencia" orgánica y su utilización para mejorar, curar y proteger. Los aceites esenciales pueden afectar el humor, aliviar la fatiga, reducir la ansiedad y promover la relajación. Cuando se inhalan, actúan en el sistema nervioso y el cerebro a través de la estimulación de los nervios olfatorios. Cuando se absorben a través de la piel, se liberan componentes muy fuertes en la circulación sanguínea.

El origen de la aromaterapia es difícil de precisar. Los registros históricos muestran que los egipcios fueron la primera civilización que realmente investigó e implementó las esencias orgánicas para cosméticos, embalsamamiento y usos medicinales. Por ejemplo, usaron el rojo ocre para colorear los labios y las mejillas y el *kohl* (un antiguo delineador de ojos) para definir los ojos. Sus sacerdotes fueron los primeros en dictaminar el uso de esencias y aceites, pero como en la mayoría de las civilizaciones, el uso popular aseguró que sus beneficios, tanto cosméticos como medicinales, pronto impregnaran todos los aspectos de su sociedad.

Con el tiempo, este arte llegó a Gran Bretaña a través del comercio con los griegos y los romanos; el registro británico más antiguo aparece en el siglo XIII. El interés se desvaneció en el siglo XIX debido al desarrollo de las copias químicas de los aceites de plantas. No obstante, el renovado interés en el siglo XX en los tratamientos y terapias naturales ha impulsado la extracción de aceites y la implementación de técnicas a la vanguardia de la industria integral moderna. Las esencias puras de aceites se usan en la actualidad en artículos de tocador, alimentos y medicinas, y sus propiedades se reconocen científicamente.

Las materias primas de la aromaterapia son las esencias de aceites —o las personalidades de las plantas, frutas y hierbas. Científicamente, a estas esencias se les conoce como la hormona o la sangre de la planta. En realidad, son los elementos líquidos olorosos y volátiles (se evaporan rápidamente en el aire) de las plantas aromáticas. Su química es compleja, pero por lo general incluye alcoholes, ésteres, acetonas, aldehídos y terpenos.

Estos aceites están presentes en diminutas gotitas en raíces, flores, cortezas, cáscaras y resinas, en muy diversas cantidades. Por ejemplo, unos 100 kilos de pétalos de rosa producen de 1 a 2 litros de aceite, pero 100 kilos de plantas de lavanda dan alrededor de 3 litros de aceite. Los aceites son muy cinéticos por naturaleza, y constantemente cambian en composición química, día con día y estación con estación. La tierra y el clima también tienen un gran efecto en su elaboración, así que tienen que ser extraídos con precisión científica.

Existen muchos métodos para extraer aceites, como las actividades manuales de extracción por absorción de exhalaciones y la maceración, pero el método más moderno y el más usado comunmente es la destilación por vapor. Aprovechando la naturaleza volátil de los aceites y el hecho de que no son solubles en agua, este método impregna el vapor con la esencia fragante en el agua, creando, por consiguiente, útiles productos derivados.

El agua de rosas o de naranja son dos ejemplos muy populares. Debido a su naturaleza frágil, los aceites deben mantenerse en frascos, en lugares oscuros y fríos para proteger sus propiedades.

Los aceites esenciales son adaptables. Pueden añadirse al baño, con el vapor liberando su perfume; pueden inhalarse directamente del frasco; o pueden incorporarse al aceite para masaje. Esto puede tener un efecto dual: los aceites pueden ser absorbidos dentro de la piel, y el masaje tiene un efecto adicional benéfico.

Puedes encontrar aceites que resuelven un amplio campo de padecimientos. Albahaca, bergamota, manzanilla, amaro, jazmín, enebro, nerolí, flor de naranja, rosa, romero, artemisa, e ylang-ylang, son usados en tratamientos de falta de circulación, retención de fluidos, letargo y depresión. Madera de sándalo, artemisa, ciprés, mejorana y rosa son buenos para la tensión nerviosa, el insomnio y la irritabilidad. Para el tratamiento del catarro y la sinusitis, son eficaces la madera de cedro, el olíbano, el hisopo y el eucalipto.

Aceites para el control del estrés

Albahaca

La albahaca ayuda a vigorizar el cuerpo y el espíritu; refresca la mente para mejorar la concentración; es especialmente efectiva cuando se está cansado. Es un excelente tónico para los nervios luego de un día estresante. Tiene una fragancia dulce parecida al regaliz, y combina muy bien con la lavanda, la bergamota, la salvia de amaro y el geranio.

Alcanfor

Este aceite puede usarse para ayudar a aliviar los síntomas de la gripe y también es útil para el tratamiento de la piel grasosa o manchada.

Precaución: El alcanfor debe usarse de manera escasa, y debe evitarse por completo por aquellas personas que padecen de epilepsia.

Árbol de Té

Este aceite tiene poderosas propiedades antisépticas, antimicóticas y antivirales. Actúa como un estimulante del sistema inmunológico y tiene un amplio campo de usos medicinales.

Precaución: Puede causar irritación a las pieles sensibles.

Artemisa

Este aceite tiene un efecto calmante en el sistema nervioso central. También puede ayudar con los problemas digestivos y menstruales.

Precaución: No se use la artemisa durante el embarazo o si se padece epilepsia.

Benjuí, Tintura

Es un aceite cálido, sedante, reconfortante. Se agrega a aceites o cremas complementarias para proteger la piel contra cuarteaduras o grietas.

Bergamota

El adorable aroma ligero a cítrico de este aceite, relaja y refresca. Se utiliza en un vaporizador para dispersar los olores desagradables. Agrega una gota en agua hervida fría para enjuague bucal. Combina muy bien con otros aceites.

Precaución: No use este aceite en la piel ante una luz solar fuerte o al tomar baños de sol, pues puede incrementar la susceptibilidad a las quemaduras de sol.

Canela

Es un aceite reconfortante y estimulante, que tradicionalmente se ha usado para aliviar los problemas digestivos. También tiene propiedades antisépticas y un efecto limpiador.

Precaución: La canela es un irritante poderoso y no debe usarse en la piel.

Cardamomo, semilla

La fragancia dulce, picante, cálida del cardamomo ha fascinado desde los días de los antiguos egipcios, quienes lo usaban como un perfume y como incienso. Puede usarse para ayudar a la digestión y es un refrescante aceite para baño.

Cayeputi

El cayeputi o árbol de la India, mejora el estado de ánimo e incrementa la resistencia a las infecciones. Es un buen aceite relajante, puede usarse en inhalaciones de vapor para limpiar los conductos nasales; también es útil en el tratamiento de la piel grasosa y las manchas.

Precaución: El cayeputi es un estimulante y un irritante, y debe usarse con cuidado.

Cedro

Reconocido como un aceite terapéutico desde tiempos remotos, la madera de cedro tiene un efecto sedante y tranquilizante. Este aceite también es útil para la protección de la piel grasosa y manchada, y como inhalante ayuda a aliviar la tos y el resfriado.

Precaución: No se use la madera de cedro durante el embarazo.

Cilantro

Una esencia picante con aroma dulce, constituye un buen compuesto para masaje, que alivia los músculos rígidos y adoloridos. Es refrescante y estimulante para el baño.

Ciprés

Con su fragancia a madera ahumada, refresca, restaura y tonifica. Es un aceite astringente útil para refrescar y cuidar la piel grasosa y manchada. Es un desodorante natural y también puede usarse como un antiperspirante; es bueno para los pies sudorosos. Combina muy bien con lavanda y madera de sándalo.

Clavo

Un aceite antiséptico usado para aliviar el dolor de muelas.

Precaución: El clavo en un irritante muy fuerte y debe ser usado con cuidado. No se debe usar durante el embarazo.

Enebro

Enebro

Su aroma a madera fresca tonifica y estimula. Tiene un efecto purificador en el cuerpo y un efecto calmante en las emociones. Tiene fama de reforzar el sistema inmunológico.

Precaución: El enebro no debe usarse durante el embarazo.

Eucalipto

Éste es un poderoso antiséptico usado ampliamente para aliviar los síntomas de los resfriados y la gripe. Se usa frotado en el pecho, y también en un vaporizador para mantener el aire libre de germenes. Combina bien con lavanda y pino.

Geranio

Un aceite equilibrante para la mente y el cuerpo. Con un aroma fresco, floral y dulce, relaja, restaura y mantiene la estabilidad de las emociones. Es útil en el masaje para el tratamiento de eczema y psoriasis. Combina bien con otros aceites florales, y mezclado con lavanda y bergamota, constituye un delicioso aromatizante para la habitación.

Hinojo

El hinojo tiene un aroma dulce como el del anís, que lo hace placentero para el cuidado de la piel. Como aceite para masaje es bueno para el sistema digestivo, y puede causar firmeza en el busto y producción de leche; no obstante, debe usarse de manera escasa.

Precaución: El hinojo puede ser un irritante de la piel. No debe usarse en niños pequeños, ni en el embarazo. No se use si se padece de epilepsia.

Hinojo

Hisopo

Esta fragancia fue sagrada para los griegos y los hebreos, quienes usaban escobas de hisopos para limpiar sus sitios sagrados. Tiene un aroma cálido y vibrante que puede usarse para promover la viveza y claridad del pensamiento. Cuando se usa como fragancia puede ayudar a proteger las habitaciones de las infecciones. También es útil para el tratamiento de los resfriados y la gripa.

Precaución: Este poderoso aceite no debe usarse durante el embarazo o cuando se padece de epilepsia o alta presión sanguínea.

Jazmín

Este aceite es reconfortante emocionalmente. También relaja, tranquiliza, eleva y ayuda a la confianza en uno mismo. Es bueno para el estrés y la ansiedad general. Sólo necesita usarse en pequeñas cantidades. Es muy caro debido a que para tener únicamente unas pocas gotas de aceite, se deben recolectar una gran cantidad de flores durante la noche, cuando su esencia está al máximo.

Jengibre

Es un aceite cálido y penetrante, bueno para las náuseas y el mareo. Se combina con naranja para baños calientes en el invierno. En especial, combina bien con el aceite de naranja y otros aceites de cítricos. Se usa en pequeñas cantidades.

Lavanda

Es indudable que éste es el aceite más versátil y útil. Ningún hogar debería carecer de él. Relaja, tranquiliza, restaura y equilibra nuestro cuerpo y nuestra mente. Es excelente para renovar los músculos cansados, los pies y la cabeza. Añade una gota a la almohada o sábana para una noche de descanso. Combina afortunadamente con la mayoría de los otros aceites.

Limón

Es un aceite astringente y antiséptico que limpia, refresca, enfría y estimula. Es útil para la piel grasosa, y puede usarse para aliviar las manos adormecidas y manchadas, o para tonificar y mejorar las uñas y las cutículas. Se combina mejor con otros aceites.

Precaución: No se use limón en la piel bajo la luz directa del sol. Dilúyase al uno por ciento y úsense sólo tres gotas en la tina, ya que puede causar irritación de la piel.

Limón, hojas

Es un aceite antiséptico y astringente que tiene un efecto refrescante, limpiador y estimulante en la mente y el cuerpo. Su dulce y poderoso aroma "alimonado" lo hace una buena elección como una fragancia refrescante y deodorizante para habitaciones.

Precaución: Diluya al 1% y utilícense sólo tres gotas en una tina, ya que puede causar irritación en la piel.

Manzanilla

Este aceite es muy conocido por su fuerte efecto sedante en la mente y el cuerpo. Puede usarse para calmar el nerviosismo, suavizar dolores de cabeza, aliviar el insomnio y los problemas menstruales. También es uno de los pocos aceites esenciales que pueden usarse en casos de piel inflamada.

Manzanilla

Mejorana

Popular entre los antiguos griegos, tranquiliza, conforta y calienta. Útil en los músculos cansados y para usarse en masajes. También puede usarse para regular el sistema nervioso y tratar el insomnio. Es placentero en un baño caliente, en especial combinado con lavanda.

Precaución: No se use durante el embarazo. Tiene un efecto sedante, así que debe usarse con cuidado.

Melisa

Una popular planta de jardín, conocida también como "toronjil". Tiene un efecto tranquilizante pero estimulante sobre la mente y el cuerpo.

Precaución: No se use la melisa en la piel bajo la luz directa del sol. Diluya al 1% y úsense sólo tres gotas en una tina, ya que puede causar irritación de la piel.

Menta

Es uno de los más importantes aceites esenciales, refresca, enfría, restaura y estimula la mente y el cuerpo. Se añade a una mezcla de masaje para el sistema digestivo. Es excelente para refrescar la cabeza y los pies cansados. Se huele de la botella o se pone una gota en el pañuelo para revivir la energía durante una larga jornada. Se agregan unas cuantas gotas al tablero del auto para permanecer alerta; estimula pensar claro y permanecer fresco. Combinado con romero y enebro, constituye un excelente baño matutino.

Precaución: algunos aromaterapistas advierten del uso de la menta durante el embarazo. Dilúyase al 1 % y no se usen más de tres gotas en la tina, ya que puede causar irritación a la piel sensible.

Mirra

Éste es un aceite ahumado y misterioso. Se añade a una crema para proteger la piel contra las grietas y los labios partidos por el frío. Añádase a gárgaras y enjuagues bucales.

Precaución: No se use mirra durante el embarazo.

Naranja

Un aceite cálido, reconfortante, que calma, restaura y estimula el espíritu. Se mezcla con aceites picantes para baños regocijantes. Se usa como un aceite de masajes para el sistema digestivo. También fomenta el sueño reparador.

Precaución: No se use en la piel bajo la luz del sol directa. Dilúyase al dos por ciento y usénse sólo cuatro o cinco gotas en la tina, ya que puede causar irritación de la piel.

Nerolí

Éste es el aceite más efectivo para aliviar los síntomas del estrés. Su aroma exquisito calma, relaja, estimula el espíritu y ayuda a mantener la confianza. Puede usarse para mejorar la mala circulación, y para aliviar la tensión y la ansiedad.

Olíbano

Este aceite tranquiliza, reconforta y ayuda en la meditación. Ha sido usado durante siglos, y quemado en altares y templos. Tiene un efecto reconfortante, y al disminuir la respiración y controlar la tensión, ayuda en la concentración de la mente. Es excelente para tonificar y cuidar la piel madura o envejecida (se supone que tiene cualidades rejuvenecedoras, ya que los egipcios lo usaban en mascarillas faciales rejuvenecedoras).

Pachulí

Un aceite dulce, de olor almizcleño, que calma y estimula el espíritu. Útil en la protección de la piel seca, madura o manchada.

Palo de rosa

Este aceite tiene una aroma placentero y florido, el cual es relajante y deodorizante. Se añade al aceite de masaje para ayudar a combatir los músculos cansados, en especial después de un ejercicio vigoroso. Tiene un efecto equilibrante y estabilizador en los nervios, y es útil durante los exámenes. También es un buen antidepresivo y puede ayudar a aliviar la migraña.

Pimienta negra

Es una de las especies más antiguas que se conocen, el aroma picante del aceite tiene un efecto estimulante y reconfortante. Combina bien con romero, mejorana y lavanda, pero debe usarse sólo en cantidades pequeñas.

Precaución: La pimienta negra puede irritar la piel, así que debe ser usada con cuidado.

Pino

El pino tiene un aroma fuerte, fresco y resinoso, además tiene cualidades antisépticas y revigorizantes poderosas.

Precaución: Dilúyase y úsese con cuidado, ya que el aceite de pino puede causar irritación en la piel.

Romero

Un aceite popular que tiene varios beneficios mentales y físicos. Renueva los músculos cansados, aclara la mente, y ayuda en la concentración. Combate la fatiga y limpia el ambiente pesado.

Precaución: No se use romero durante el embarazo, o si se tiene alta presión sanguínea o se padece de epilepsia.

Rosa

Llamada la reina de las flores, su exquisito aroma es emocionalmente tranquilizante y ayuda a mantener la confianza en uno mismo. Es excelente para el cuidado de la piel; perfecta para la piel seca, madura, envejecida o con varices.

Precaución: Evítese durante los cuatro primeros meses del embarazo.

Salvia

Se hace notar por su efecto sedante, relajante y reconfortante; contiene un compuesto parecido a una hormona, similar a la que regula el equilibrio hormonal. Se usa en masaje sobre los músculos y el abdomen para aliviar las molestias menstruales.

Precaución: No se debe usar durante el embarazo.

Sándalo

Este aceite tiene un aroma a madera, rico y dulce, y tradicionalmente se quema para ayudar a la meditación.

Tomillo

Este aceite ha sido usado durante siglos como una hierba medicinal y culinaria. Tiene un fuerte aroma picante y puede usarse como vapor para aliviar la congestión nasal.

Precaución: No se use durante el embarazo o si se tiene alta presión sanguínea. Dilúyase a no más del 2% antes de usarse. Puede causar irritación a las pieles sensibles.

Toronja

Esta esencia refresca y estimula el espíritu. Tiene un adorable aroma fresco que puede ayudar con el agotamiento nervioso.

Precaución: No se use la toronja en la piel en la luz solar directa.

Ylang-Ylang

Variedad del árbol anón. Su nombre significa "flor de flores". Este aceite dulce tiene un efecto calmante y relajante en ocasiones de tensión y de estrés. También es ideal tanto para la piel seca como para la piel grasosa, y puede usarse para lavarse el pelo (se ponen dos gotas en agua). Combina bien con el limón y la bergamota.

Autogenética

Es otra técnica de relajación derivada de los principios de la meditación oriental. El participante aprende a desconectar la respuesta "pelea o huye" a las situaciones estresantes, mediante una progresiva autorrelajación.

El sistema fue creado originalmente por Johannes H. Schultz, un psiquiatra alemán e hipnoterapista. La técnica es una combinación de respiración controlada, hipnoterapia y pensamiento positivo. También le da un fuerte énfasis a la creencia en uno mismo y a la autodeterminación. Los estudios del sistema han confirmado que es una técnica excelente de relajación profunda, y que puede ayudar a aliviar o controlar muchos problemas relacionados con el estrés, como son fobias, ansiedad, presión alta, migrañas, insomnio y tensión muscular. También ayuda a mejorar la concentración y la coordinación general. Muchos practicantes entrenados en autogenética también son psicoterapistas o consejeros calificados. Ayudan a educar a la persona a controlar y reducir las respuestas del estrés, a conseguir una relajación profunda, a promover la armonía interior y a restaurar el bienestar físico y emocional.

Biorretroalimentación

Esta técnica se refiere al uso de equipo de monitoreo para medir y controlar los niveles de relajación. Se puede dar el entrenamiento luego de que se ha examinado la información científica.

A pesar de que se han reportado grandes hazañas de control corporal y mental en la medicina occidental durante los últimos dos siglos, sólo en las últimas dos décadas la medicina occidental ha aceptado el hecho de que los seres humanos pueden, verdaderamente, regular su propio ritmo cardiaco, su circulación sanguínea, su temperatura, su tensión muscular y otras funciones corporales que se pensaba comunmente que operaban sólo de manera automática.

Esa aceptación provino en gran medida mediante el desarrollo de la máquina de biorretroalimentación, que le enseña a las personas a volverse conscientes de varias funciones corporales y a controlarlas con intentos conscientes, usando las técnicas de relajación y de imaginación mental.

En la actualidad, la biorretroalimentación se usa ampliamente para el tratamiento de dolores crónicos y problemas relacionados con el estrés. Incluso los astronautas han usado la biorretroalimentación para controlar la náusea del mareo en el espacio.

Si intentas recibir la terapia de la biorretroalimentación, se te pedirá que te sientes en una silla cómoda enfrente de una máquina que luce como un equipo de televisión. Se conectarán electrodos sensoriales (alambres) de la máquina a tu cuerpo, por lo general, en tu frente, cuello, espalda o tus dedos índices. Con la ayuda de música relajante o una voz grabada que sugiere técnicas de relajación, se te pedirá que reduzcas la tensión muscular en todo tu cuerpo. Posteriormente, se te podría pedir que disminuyas tu ritmo cardiaco o incluso que calientes tus manos incrementando su flujo sanguíneo.

Mientras te encuentras tratando de lograr estas proezas, la máquina mide tu tensión muscular, el ritmo cardiaco y el flujo sanguíneo, y "retroalimenta" qué tan bien estás logrando tus propósitos. Esta retroalimentación puede ser en forma de sonidos audibles, imágenes o líneas gráficas.

Después de aprender cómo se siente una respuesta correcta al trabajar con la máquina y practicar en casa, finalmente serás capaz de conseguir la misma respuesta sin usar la máquina.

Flotación

Como una forma de ausencia sensorial, la flotación consiste en estar acostado boca arriba, en un tanque oscuro, cerrado, con agua caliente, fuertemente cargada de sal.

No hay sonidos, excepto quizá alguna música natural para llevar a la persona a un estado similar al sueño. Esta técnica es excepcionalmente renovadora e induce a un sueño profundo y relajante.

Herbolaria

El uso de las hierbas medicinales para aliviar las enfermedades está basado en técnicas antiguas. Cuando se usan apropiadamente, las hierbas tradicionales no son adictivas, no causan efectos secundarios y pueden tener resultados impresionantes. Las plantas son útiles especialmente en el tratamiento de la tensión nerviosa, la depresión, el insomnio, los síntomas premenstruales, los dolores de cabeza nerviosos y las migrañas. Los remedios herbolarios también son extremadamente importantes para ayudar a reducir el estrés mediante sus efectos en los sistemas inmunológico, circulatorio y neuromuscular.

La herbolaria a veces es calumniada como una colección de remedios caseros para aplicarse en forma de placebo a algún síntoma o a otro, teniendo en cuenta que la dolencia no es tan seria y que existe una poderosa y maravillosa droga química lista para suprimir cualquier síntoma "real". Sin embargo, a menudo olvidamos que la medicina botánica proporciona un sistema completo de curación y prevención de las enfermedades. Es la forma de medicina más antigua y natural. Sus registros de eficacia y confianza se extienden por siglos y abarcan cada país del mundo. De hecho, debido a que la medicina herbolaria es una medicina integral, es capaz de mirar más allá de los síntomas hasta el desequilibrio subyacente del sistema; cuando se aplica en forma diestra por un profesional entrenado, la medicina herbolaria ofrece soluciones permanentes y muy reales a problemas concretos, muchos de ellos de apariencia intratable con la intervención de la farmacéutica.

En ninguna parte es más evidente la eficacia de la herbolaria que en los problemas relacionados al sistema nervioso. El estrés, la ansiedad, la tensión y la depresión están íntimamente conectados con la mayoría de las enfermedades. Pocos profesionales de la salud arguirían en contra de la influencia de la ansiedad nerviosa en la patología. Por lo general, los doctores reconocen que la tensión nerviosa contribuye a las ulceraciones gástricas y duodenales, la colitis ulcerativa, el síndrome del intestino irritable y muchas otras patologías relacionadas con el sistema digestivo.

También sabemos, a partir de la fisiología, que cuando una persona está deprimida, la secreción de ácido clorhídrico, uno de los principales jugos digestivos, también se reduce, así que la digestión y absorción de los alimentos se vuelve menos eficiente. Por otro lado, la ansiedad puede conducir a la liberación de adrenalina y estimular la sobreproducción de ácido clorhídrico, resultando en un estado de acidez que puede exacerbar el dolor de una úlcera inflamada. De hecho, cada vez que el sistema nervioso voluntario (nuestras ansiedades conscientes) interfiere con los procesos autónomos (la regulación nerviosa automática que en el área de salud nunca se hace consciente), se tiene como resultado la enfermedad.

Los herbolarios confían en su conocimiento de remedios botánicos para rectificar esta clase de disfunción humana. El médico herbolario tratará un problema dermatológico crónico usando otras "alternativas" específicas al problema de la piel, y luego aplicará estimulantes circulatorios para ayudar a remover las toxinas del área, con remedios para reforzar otros órganos de eliminación, como son el hígado y los riñones. Al estar bajo este tratamiento natural, libre de cualquier molesto efecto **secun**dario, el paciente se puede sentir confiado y relajado, quizá por primera vez en muchos meses.

Curiosamente, éste es un punto de vista que nunca ha sido tomado en cuenta por la medicina ortodoxa. En ésta, el tratamiento usual de los problemas de la piel incluye la supresión de los síntomas con esteroides. Sin embargo, el uso de los antihistamínicos convencionales o de benzodiazepinas, a menudo consiguen para el paciente un beneficio menos duradero, debido a la carga adicional de efectos secundarios, tales como mareos, incremento en la toxicidad, y una dependencia a la droga por mucho tiempo.

Por otro lado, las plantas están libres de toxinas y dependencia. Debido a que son sustancias orgánicas y no contienen moléculas sintéticas elaboradas por el hombre, poseen una afinidad con el organismo humano. Son extremadamente eficientes en balancear el sistema nervioso. Restauran una sensación de bienestar y relajación, que es necesaria para el proceso de autocuración y para una salud óptima.

Naturalmente que la selección de un tratamiento debe basarse en una evaluación de salud completa y en la experiencia y el entrenamiento de un profesional herbolario calificado.

Entonces, el herbolario preparará y prescribirá los remedios botánicos en una diversidad de formas diferentes, como infusiones, tés a discreción, supositorios, inhalantes, lociones, tinturas, tabletas y píldoras. Muchas de estas preparaciones están disponibles para su uso en el hogar en farmacias, tiendas de salud y proveedores por correo.

Plantas para el control del estrés`

Avena

La avena es una de las grandes plantas restauradoras del sistema nervioso. La planta contiene un alcaloide que es de utilidad en la angina de pecho y en la insuficiencia cardiaca. También se ha usado en el tratamiento de la adicción a la morfina, los narcóticos, el tabaco y el alcohol.

Borraja

Éste es un tónico para la mente muy efectivo, que ayuda a aliviar dolores de cabeza, migraña y depresión.

Hierba de San Juan

También llamada *Hypericum perforatum,* o hipérico. La hierba de San Juan tiene propiedades analgésicas y antiinflamatorias, con aplicaciones locales importantes a la neuralgia y la ciática. De manera general, sus propiedades sedantes están basadas en el glucósido hipericin (un pigmento rojo), que la hace aplicable a la neurosis y la irritabilidad. Muchos herbolarios la usan extensamente como un remedio de fondo.

Hierba de San Juan

Lima, flores

Se cree que son útiles en el control de la ansiedad y la hiperactividad. También son efectivas en el tratamiento del insomnio, la presión alta y para relajar músculos y nervios.

Manzanilla

Esta planta tiene un efecto relajante en la mente y el cuerpo. Es un excelente sedante para la ansiedad y la tensión muscular. Muchas personas disfrutan sus beneficios en la forma de té de manzanilla.

Melisa

Esta planta es carminativa y antiespasmódica, y es muy activa, especialmente en el nervio vago, el cual puede interferir con el funcionamiento armónico del corazón y el estómago. Investigaciones recientes indican que la acción de su aceite volátil empieza en el sistema límbico del cerebro y subsecuentemente opera de manera directa sobre el nervio vago y en todos los órganos que están inervados por éste.

De acuerdo con esto, la neurastenia (afección nerviosa muy fuerte), la migraña y los padecimientos gastrointestinales de origen nervioso están sujetos a sus poderes curativos.

Menta

Esta planta es efectiva para el tratamiento de molestias digestivas, ya que alivia la indigestión, la flatulencia, la constipación y la náusea.

La menta también es un buen tónico para la mente, ayudando a clarificar las ideas y a tener más concentración.

También es útil para aliviar los síntomas de los resfriados y la influenza.

Se cree que el té de menta y de manzanilla son efectivos para reducir el dolor de cabeza por tensión y la migraña.

Valeriana

Éste es el tranquilizador ideal. Los rizomas de la planta contienen un aceite volátil (que incluye el ácido valeriánico), alcaloides volátiles (incluyendo la chatinina), y los iridoidos, todo lo cual se ha visto que reduce la ansiedad y la agresividad.

La valeriana es tan eficaz en el alivio de la ansiedad, mientras mantiene un nivel normal de conciencia mental, que nos permite continuar con los más complicados ejercicios mentales sin ocasionar mareos, pérdida de la conciencia o depresión.

¡La valeriana se ha usado con éxito antes de un examen o una prueba de manejo!

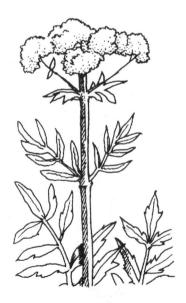

Valeriana

Verbena

Ésta no sólo es efectiva en contra de la depresión, sino que es una ayuda muy fuerte para la función de desintoxicación del hígado. Su nombre en francés todavía es, "Herbe Sacre"; su nombre inglés antiguo es, "Hierba Santa"; y era una de las siete hierbas sagradas de los Druidas. En la actualidad sabemos que las cualidades antiespasmódicas de la verbena se deben en gran medida al glucósido verbenalino. La investigación china más reciente ha relacionado esta planta con la dilatación de las arterias en el cerebro; una explicación probable para su utilidad en el tratamiento de la migraña, en especial cuando este problema está acompañado de congestión hepática. Se usa con certeza en el tratamiento del agotamiento y la depresión.

Verbena

Homeopatía

Para expresarlo en forma simple, la homeopatía está basada en la creencia de que las sustancias que son venenosas en grandes dosis, pueden ser benéficas en pequeñas dosis. Existen diversas sustancias que se pueden tomar en forma de píldoras, cápsulas, bolsitas de polvo, gránulos o líquidos. Estos remedios homeopáticos se pueden comprar en farmacias, tiendas de salud o se pueden obtener con algún profesional.

Los principios de la homeopatía fueron expuestos por primera vez en 1796 por un doctor alemán, Christian Samuel Hahnemann. El principio fundamental que adoptó (y que todavía sigue siendo el principio fundamental de la homeopatía), fue "Hagamos que el similar sea curado por su similar". Descubrió que las sustancias que son venenosas o tóxicas en su forma natural pueden ser usadas para curar, pero que curarán únicamente aquello que pueden causar. Guiado por esta "ley de curación", Hahnemann primero prescribió dosis sustanciales de un cierto remedio, lo cual a menudo agravó los síntomas, aun cuando el resultado final era positivo. Para disminuir las reacciones iniciales adversas en sus pacientes, Hahnemann diluyó la dosis, usando un método de su propia inventiva, y encontró que esta dilución no disminuía el poder medicinal del remedio, sino que, de hecho, lo incrementaba.

Muchas personas se acercan a la homeopatía por ayuda para ciertos síntomas o condiciones como son: artritis, asma, dolor de espalda, molestias y dolores imprecisos, problemas menstruales, migrañas, reumatismo, ciática o problemas en la piel. Sin embargo, el efecto de un buen homeópata es hacer más que simplemente ayudar con el síntoma. La homeopatía se dirige a restaurar el equilibrio general de la energía y al tratamiento de la condición de una manera integral, y así el paciente disfrutará de una vitalidad y una energía incrementadas, un mejor sueño y un apetito mejorado.

Los remedios homeopáticos se derivan de una amplia variedad de fuentes, que incluyen algunas sustancias muy inusuales, como veneno de abeja, veneno de víbora, arsénico, oro y sílice, e incluso compuestos del tejido enfermo. Se encuentran en uso unos 2000 remedios diferentes como los anteriores.

A pesar de que estos remedios se derivan de fuentes a menudo peligrosas, son completamente seguros, habiendo sido diluidos a partir de la sustancia original (usualmente en alcohol o agua), usando el proceso de Hahnemann, conocido como "potenciación". Se usan diversas disoluciones. Una muy común se conoce como 30C, e indica una disolución que en una expresión científica se representaría por la cifra 1 por 1 seguido por 60 ceros (o 1 x 10 exponente-60). Éste es el uso de una dosis infinitesimal, lo cual es el aspecto más controversial de la homeopatía y la razón de que muchos doctores convencionales clamen que sólo funciona como un placebo. Sin embargo, se han llevado a cabo un gran número de estudios controlados que muestran la eficacia de la medicina homeopática en el tratamiento de una gran cantidad de enfermedades.

Tomados en su forma diluida, los remedios homeopáticos no tienen efectos secundarios de ningún tipo y son perfectamente seguros, no son tóxicos y no son adictivos. Han sido probados extensamente en seres humanos (la mayoría practicantes de la homeopatía) para verificar su seguridad y eficacia. En la homeopatía nunca se han llevado a cabo pruebas con animales.

No existe ningún conflicto entre las medicinas convencionales y los remedios homeopáticos, y de hecho, algunas veces ambos sistemas de terapia se pueden usar para complementarse el uno con el otro. En la mayoría de los casos, cuando se inicia un tratamiento homeopático uno debería continuar con su actual medicina convencional. Si estás tomando una medicina convencional (ya sea bajo prescripción o no), deberías decirle a tu homeópata, quien discutirá la situación con tu doctor si esto es necesario, claro, si tú así lo autorizas.

La homeopatía es una terapia integral —es decir, investiga y da tratamiento a la persona como un todo, en lugar de sólo enfocarse al problema específico presentado por el paciente. Debido a esto, tu homeópata te preguntará acerca de muchos aspectos de tu condición general, no sólo acerca de los problemas que presentas.

La consulta inicial tomará cerca de una hora, y el homeópata deseará escuchar acerca de todos los síntomas y te preguntará sobre muchos aspectos de tu salud y tu forma de vida. Estos síntomas serán analizados y el homeópata decidirá qué remedio específico se ajustará a tus necesidades en particular. Este análisis podría tomar hasta otra hora, pero no tendrás que estar presente para esta fase del tratamiento. Una vez que el homeópata ha decidido el remedio y la potencia (dilución) a recomendarse, el material será elaborado por el homeópata ajustándose a tu caso personal. El remedio se puede proporcionar de inmediato o puede tomar un día o dos para prepararse, en cuyo caso puedes llamar de nuevo para recogerlo.

La homeopatía funciona mejor cuando se aplica a condiciones que son reversibles —es decir, cualquier cosa que la naturaleza puede curar o eliminar. La homeopatía no puede ser usada en lugar de la cirugía, sin embargo, los remedios homeopáticos se pueden tomar en conjunto con la cirugía y pueden ser un instrumento de utilidad para hacer que la cirugía sea más segura. También pueden acelerar la curación postoperatoria.

En su forma básica, los remedios homeopáticos son fórmulas líquidas. Se te pueden prescribir en esta forma, o se te pueden proporcionar en la forma de tabletas o gránulos. En algunos casos, se pueden proveer cremas y lociones. Normalmente, la forma no afecta la acción del remedio, así que si tú prefieres una forma en particular pregúntale a tu homeópata. Los remedios se toman en la lengua si son líquidos, o se mantienen en la boca para que se disuelvan, si están en forma sólida.

Las cremas y las lociones son para aplicación externa. No deberías comer o beber durante 15 minutos antes o después de tomar un remedio homeopático, y deberías evitar el café cafeinado, el alcanfor, el mentol, la menta y sabores fuertes similares mientras estés bajo un tratamiento homeopático.

El alcohol no afecta los remedios homeopáticos a menos de que se estén tomando para algún problema relacionado con éste.

Hipnoterapia

Debido a que puede ser usada para tratar condiciones donde los aspectos psicológicos son importantes, la hipnoterapia es un medio apreciable para tratar las enfermedades relacionadas con el estrés; sin embargo, la desventaja de que no resulta claro todavía cómo trabaja y la relación entre la hipnosis y el medio del espectáculo, han contribuido a que existan ciertos prejuicios en contra de su uso como un instrumento terapéutico.

Si se piensa en la hipnosis como algún tipo de abracadabra, piénsalo de nuevo. En la actualidad, un número cada vez mayor de profesionales médicos y de la salud mental usan la hipnosis para combatir el dolor, en dolores de cabeza crónicos, dolores de espalda, nacimientos, cáncer, quemaduras severas, fobias al dentista, y muchas más. Algunos psicólogos usan la hipnosis para ayudar a los pacientes a vencer malos hábitos, ansiedad, fobias y depresión, incluso para ayudarlos a recordar acontecimientos pasados —a pesar de que la precisión de este recuerdo es controversial. Los médicos familiares han comenzado a usar la hipnosis para tratar las enfermedades psicosomáticas, para controlar el apetito, y para reducir la necesidad de medicamentos, o para disminuir su dosificación, en las enfermedades crónicas.

La historia de la hipnosis se remonta al siglo XVIII y a los trabajos de Franz Anton Mesmer, un doctor de Alemania. La hipnosis se usaba para mitigar el dolor, hasta que se hicieron comunes los anestésicos. Aunque la palabra "hipnosis" viene de la palabra griega referente al sueño, la hipnosis en realidad es un estado intenso de concentración y esta concentración se enfoca *interiormente.*

Aunque diferentes terapistas usan diferentes técnicas de hipnosis, el proceso de hoy en día a menudo se inicia con el paciente cerrando sus ojos y con el hipnotista pidiéndole que piense en cosas relajantes. A menudo se le pide a la persona que se imagine una escena hermosa. Conforme la voz tranquilizante del terapista guía al paciente hacia un proceso de relajación cada vez más profundo, el paciente gradualmente logra una concentración completa en la imagen que ve en la mente —reflejando lo que ocurre cuando el paciente está absorto en un libro o en una fantasía. Todas las imágenes y pensamientos exteriores desaparecen.

En este estado de concentración enfocada, el paciente se vuelve sugestionable. Entonces, el terapista puede pedirle al paciente que se concentre en su respiración y en otras sensaciones dentro del cuerpo. En este punto, el terapista sugiere diversas maneras en que el paciente puede llevar a cabo sus metas personales.

Osteopatía

Ésta es una técnica que usa la manipulación y el masaje para ayudar a los músculos y las articulaciones lesionadas y hacer que funcionen correctamente.

Esta profesión se inició en 1892 cuando Andrew Taylor Still, un granjero, inventor y doctor norteamericano, abrió la primera escuela médica de osteopatía de Estados Unidos. Él buscaba alternativas a los tratamientos médicos de su época, los cuales creía eran ineficaces, así como a menudo dañinos.

La nueva filosofía de la medicina de Still, basada en las técnicas de Hipócrates, abogaba que, "Encontrar la salud debe ser el propósito de un doctor. Cualquiera puede encontrar la enfermedad". Como Hipócrates, Still reconocía que el cuerpo humano es una unidad en la cual la estructura, la función, la mente y el espíritu funcionan todos juntos.

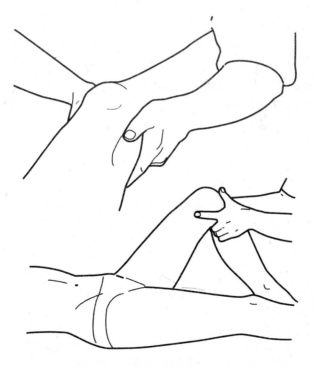

El diagnóstico y el tratamiento de la rodilla mediante la osteopatía.

Still resaltó la importancia de prevenir las enfermedades, comer en forma adecuada y mantener una buena condición física. Estudió de manera extensa el sistema musculoesquelético del cuerpo (los músculos, huesos y articulaciones) y descubrió cómo es que funciona con otros sistemas corporales para influir en la salud. Enseñó que el cuerpo tiene la habilidad inherente para curarse a sí mismo cuando todos sus sistemas funcionan en armonía. Para apoyar su teoría de que la estructura del cuerpo afecta la función del mismo —y viceversa— desarrolló la destreza única del "uso de las manos", propia del tratamiento manipulativo osteopático, para diagnosticar y tratar problemas estructurales. Enfatizó el cuidado y el tratamiento compasivos de la persona como un todo, no como una colección de síntomas o de partes desarticuladas.

La filosofía y las prácticas de A. T. Still, consideradas radicales en el siglo XIX, por lo general son principios aceptados por la medicina funcional de hoy en día.

Terapia de mascotas

Es clara la evidencia de que poseer y cuidar una mascota familiar puede ayudar a reducir los niveles de estrés. Las mascotas proporcionan a sus amos amor y lealtad incondicionales. A cambio, la experiencia de cuidar a un animal concede una sensación de camaradería y oportunidades para jugar y divertirse. Las relaciones con animales están totalmente libres de las amenazas y responsabilidades inherentes en el trato humano. Las recompensas pueden no ser muy grandes, pero para muchos entusiastas de los animales no hay sustituto para las recompensas emocionales de poseer una mascota. Las pruebas psicológicas muestran que frotar y acariciar animales puede mejorar la salud general, disminuir la presión sanguínea, reducir la ansiedad y producir una reducción en los niveles de estrés.

*El cuidado de una mascota puede ayudar a
reducir los niveles de estrés*

Ciertas instituciones, como hospitales, hogares para ancianos e incluso prisiones, han notado un mejoramiento en la salud y el comportamiento físico, mental y emocional de sus internos cuando se les da acceso a los animales.

*Acariciar animales puede reducir
la presión sanguínea*

Reflexología

La reflexología es un método para activar los recursos de curación naturales del cuerpo. Se han usado diversas formas de reflexología por lo menos en los últimos 3,000 años (se han descubierto pinturas ilustrando este arte en la tumba de un doctor egipcio del año 2330 A.C.). La ciencia de la reflexología según se practica hoy en día, se desarrolló en fechas bastante recientes, y su uso como una terapia complementaria se ha incrementado desde entonces.

Alrededor del año 1917, un doctor norteamericano llamado William Fitzgerald, desarrolló lo que denominó "terapia por zona", la cual trataba al cuerpo como dividido en diez zonas desde la cabeza hasta los pies, y afirmó que mediante la aplicación de presión a un área dentro de la zona, uno podía mitigar el dolor en un área correspondiente dentro de la misma zona.

En los años treintas, Eunice Ingham, una fisioterapista norteamericana, concluyó en su trabajo con la terapia por zonas, que algunas áreas del cuerpo eran más sensibles que otras, siendo la más sensible de éstas el pie. Procedió a hacer un mapa de todo el cuerpo humano en la parte alta y baja de los pies. Descubriendo finalmente, que al aplicar una presión específica con sus pulgares y dedos, obtenía resultados terapéuticos más allá de la simple reducción del dolor. Eunice Ingham dedicó el resto de su vida a desarrollar y promover la reflexología como la exitosa técnica alternativa para el cuidado de la salud en que se ha convertido hoy en día.

La reflexología funciona en base al principio de que el cuerpo está dividido en diez zonas que van longitudinalmente desde la cabeza hasta los dedos de los pies, en donde se encuentran las áreas reflejas para todos los órganos, glándulas y partes del cuerpo. La energía, algunas veces mencionada como Qi, kundalini, o la fuerza de la vida universal, también corre

TERAPIA   199

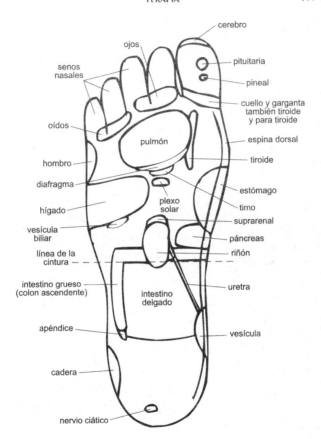

*Los puntos de reflejo más importantes
en la planta del pie derecho*

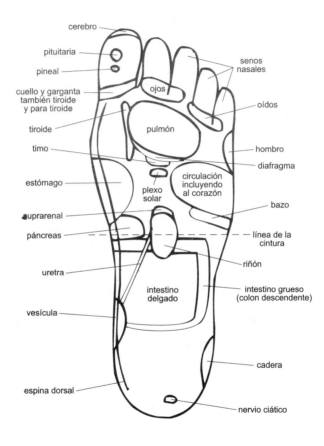

*Los puntos de reflejo más importantes
en la planta del pie izquierdo*

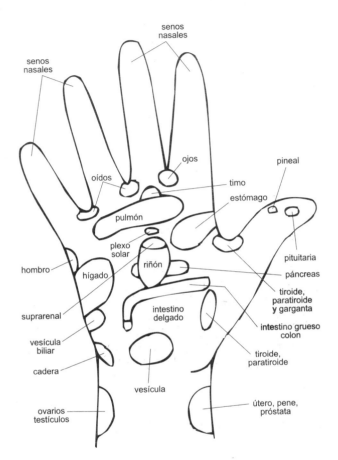

*Los puntos de reflejo más importantes
en la palma de la mano derecha*

a través de estas zonas. Los practicantes creen que si este constante flujo de energía es impedido mediante un bloqueo o congestión, la enfermedad se desarrolla. Un reflexólogo, al usar presión rítmica y constante en las áreas reflejas de los pies del paciente, rompe los bloqueos permitiendo el regreso de la energía fluida y que ocurra una relajación profunda, y, por consiguiente, que los mecanismos de curación propios del cuerpo surtan efecto.

La reflexología tiene un efecto acumulativo definido. Sin embargo, una sola sesión es muy relajante y a menudo revigorizante. Ya que la reflexología es tan relajante, existen

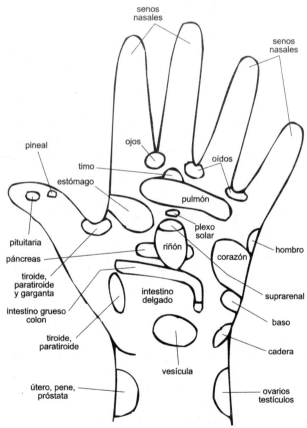

senos nasales

senos nasales

pineal

ojos

oídos

timo

estómago

pituitaria

pulmón

plexo solar

páncreas

riñón

corazón

hombro

tiroide, paratiroide y garganta

intestino delgado

suprarenal

intestino grueso colon

baso

tiroide, paratiroide

cadera

vesícula

útero, pene, próstata

ovarios testículos

Los puntos de reflejo más importantes
en la palma de la mano izquierda

muchos beneficios al recibir un tratamiento regular de reflexología. Éstos incluyen circulación sanguínea mejorada, la eliminación de toxinas y productos de desperdicio, la reducción de la tensión, y la revitalización de la energía. La reflexología es una terapia integral, significando que trata a todo el cuerpo —no sólo a la parte que está molestando. A esto se debe que la reflexología sea tan exitosa como un método preventivo del cuidado de la salud, así como un medio valioso para el control y la reducción del estrés.

Tai Chi Chuan

El objetivo del Tai Chi (el chuan usualmente se elimina) es combinar movimiento, unidad y danza, para que aquéllos que practican su arte se entreguen al ritmo natural del universo y se vuelvan uno con éste; éste es exactamente el objetivo de una meditación más pasiva.

El Tai Chi es un medio de explorar los procesos de la mente y el cuerpo a través del movimiento creativo, y refleja que el I Ching cree que la naturaleza siempre está en movimiento. Se dice que se originó durante la meditación de un monje taoísta, Chang Sanfeng, quien un día vió a una urraca tratando de atacar a una serpiente. El reptil importunaba al ave contorsionándose y retorciéndose en un movimiento en espiral, siempre permaneciendo justo fuera del alcance del ave. De ahí que unos movimientos similares sean parte integral del Tai Chi.

En el Tai Chi, la imagen del agua simboliza el flujo de energía, representando tanto el flujo de energía como la forma en que ésta se adapta a la forma del recipiente. La tierra se ve como un enlace entre la persona y el planeta. El uso de formas circulares de expresión muestra unidad y contención.

No es posible aprender Tai Chi de las páginas de un libro. Tradicionalmente, su práctica fue pasada personalmente del maestro al alumno. En la actualidad, la mayoría de las grandes ciudades ofrecen clases de Tai Chi, y cualquiera que desee aprender sus caminos y misterios debe unirse a un grupo.

Los caracteres chinos para las palabras Tai Chi

Las clases siempre se inician con un periodo de tranquilidad meditativa; posteriormente, los alumnos dan un paso hacia adelante sobre el pie derecho, un paso de energía, visualizando fuego siendo disparado de las palmas de las manos. Luego, la energía es jalada de regreso al interior del cuerpo y el peso es trasferido al pie izquierdo; en este momento todos visualizan una cascada de agua sobre ellos. Con el cuerpo volteando hacia la izquierda, las palmas son rotadas y curveadas de nuevo hacia la derecha. El cuerpo gira hacia la derecha con ambos pies fijados firmemente en el piso, entonces el pie izquierdo es reanimado, regresando el cuerpo al centro.

El Tai Chi es un proceso de descubrimiento personal interno y, como el yoga, demuestra el enlace que existe entre el movimiento y la postura del cuerpo y los estados contemplativos del ser.

En las palabras de un experto, Al Huang, quien escribió la obra clásica, *Abraza al Tigre, Regresa a la Montaña*, "El Tai Chi sirve para ayudar a familiarizarte con tu propio sentido de desarrollo personal, el proceso creativo de ser sólo tú".

ÍNDICE

TÍTULOS DE ESTA COLECCIÓN

Esta obra se imprimió en
Corporación de Servicios Gráficos Rojo, S. A. de C. V.
Progreso No. 10 Col. Centro
Ixtapaluca Edo. de México C. P. 56530